古典文獻研究輯刊

二六編

潘美月・杜潔祥 主編

第 **17** 冊

張有《復古編》綜合研究(下)

邱 永 祺 著

國家圖書館出版品預行編目資料

張有《復古編》綜合研究（下）／邱永祺 著 — 初版 — 新北市：
花木蘭文化事業有限公司，2018〔民107〕
目 4+158 面；19×26 公分
（古典文獻研究輯刊 二六編；第 17 冊）
ISBN 978-986-485-361-8（精裝）
1. 漢語文字學
011.08   107001776

ISBN-978-986-485-361-8

9 789864 853618

古典文獻研究輯刊
二六編　第十七冊　　　　　　　ISBN：978-986-485-361-8

張有《復古編》綜合研究（下）

作　　者　邱永祺
主　　編　潘美月　杜潔祥
總 編 輯　杜潔祥
副總編輯　楊嘉樂
編　　輯　許郁翎、王筑　美術編輯　陳逸婷
企劃出版　北京大學文化資源研究中心
出　　版　花木蘭文化事業有限公司
發 行 人　高小娟
聯絡地址　235 新北市中和區中安街七二號十三樓
　　　　　電話：02-2923-1455／傳真：02-2923-1452
網　　址　http://www.huamulan.tw 信箱 hml810518@gmail.com
印　　刷　普羅文化出版廣告事業
初　　版　2018 年 3 月
全書字數　209422 字
定　　價　二六編 25 冊（精裝）新台幣 48,000 元

張有《復古編》綜合研究（下）

邱永祺　著

目 次

第五章　《復古編》聯緜字析論

第一節　聯緜字起源

　　張有《復古編》下卷有附錄六類，第一類爲「聯緜字」，共收聯緜字五十八組，辨正字體的正俗。他是第一個提出「聯緜字」名稱並舉例的人。中國古代所謂「字」，其實亦含「詞」之概念。王力曾說：「中國古代沒有字和詞的分別。」〔註1〕，故「聯緜字」實即「聯綿詞」。

壹、濫觴與來源

　　文字是記錄語言的載體，所以聯緜字在沒有文字前，應已存於人類的語言中。據徐振邦所論，金文中已有聯綿詞之使用〔註2〕，諸如西周中期恭王時的《史墻盤》、西周晚期厲王時的《㝬簋》、西周晚期宣王時的《毛公鼎》等器銘文中，可舉出許多聯綿詞，像是「㠯屯」、「徲趡」、「虩許」、「龠龠」、「獫允」、「趄趄」、「册册」、「敪敪」等。這些金文中的聯綿詞，依現在標準劃分，雙聲關係有「龠龠」，疊韻關係有「㠯屯」、「徲趡」、「虩許」，非雙聲疊韻有「獫允」；又可依詞性歸類，動詞有「虩許」、「龠龠」，名詞有「獫允」、形容詞有「徲趡」、「趄趄」、「册册」；狀聲詞有「倉倉」、「敪敪」，其中「獫允」更是「匈奴」最早的譯音詞。

〔註1〕王力著：《中國語法理論》（北京：中華書局，1954 年 12 月），頁 13。
〔註2〕詳參徐振邦著：《聯綿詞概論》（北京：大眾文藝出版社，1998 年 7 月），頁 1～6。

關於聯緜字的來源，魏建功有「複音詞分化說」、林語堂有「複輔音說」、章太炎有「一字重音說」，孫德宣有「方言口語記錄說」〔註3〕。胡楚生則舉「餘音添注」、「聲韻緩急」、「肖物發音」為三個最重要的來源。徐振邦細分為「動情的感嘆」、「聲音的模擬」、「聲音的重疊」、「同義近義單音詞的聯用」、「單音詞的衍音」、「單音詞的緩讀」、「外來詞的音譯」、「單音詞複輔音聲母的分立」八項起源。以下筆者僅以徐氏所言之八項起因，分別舉例說明：

一、動情的感嘆

此類即語言中所謂「感嘆詞」，是因為人們有喜怒哀樂不同的情緒，受情緒影響而發出不同的聲音。這樣的感嘆詞最早是單音，如：

（一）嗟

1、表感傷、哀痛語氣。唐代韓愈《祭田橫墓文》：「死者不復生，嗟余去此其從誰！」

2、表讚美語氣。《史記·絳侯周勃世家》：「嗟乎！此真將軍矣！」

3、打招呼之聲。《尚書·費誓》：「公曰：『嗟！人無譁，聽命。』」

（二）咨

表示感嘆的語氣。《尚書·堯典》：「浩浩滔天，下民其咨。」

（三）噫

1、表悲哀、傷痛的語氣。《論語·先進》：「顏淵死，子曰：『噫！天喪予！天喪予！』」

2、心不平所發之聲。《論語·子張》：「子夏聞之曰：『噫！言游過矣。』」

3、表驚嘆語氣，同「咦」。

除嗟、咨、噫外，還有於、吁、喟等單音感嘆詞。另有雙音感嘆詞，如：

（一）嗚呼

亦可作「於乎」、「嗚虖」、「烏乎」、「烏呼」、「烏虖」、「於戲」。

1、感嘆詞，表悲傷。《尚書·五子之歌》：「嗚呼曷歸，予懷之悲。」

2、感嘆詞，表讚美。《尚書·旅獒》：「嗚呼！明王慎德，四夷咸賓。」

3、感嘆詞，表感嘆。《左傳·襄公三十年》：「嗚呼，必有此夫。」

〔註3〕魏氏、林氏、章氏、孫氏諸說，詳參孫德宣：〈聯綿字淺說〉（《輔仁學誌》第11卷，第一、二合期，民國34年12月）。

（二）噫嘻

1、悲嘆聲。宋代歐陽脩《秋聲賦》：「噫嘻悲哉！此秋聲也！」

2、嘆美詞。《詩經・周頌・噫嘻》：「噫嘻成王！既昭假爾。」

3、驚恨聲。《史記・魯仲連鄒陽傳》：「噫嘻！亦太甚矣，先生之言也！」

（三）吁嗟

表示有所感觸的嗟嘆詞。《文選・潘岳・西征賦》：「驅吁嗟而妖臨，搜佞哀以拜郎。」

雙音節的感嘆詞雖不多，然亦是聯綿詞來源之一。

二、聲音的模擬

此類即語言中所謂「狀聲詞」，模擬世上各種聲音，可依聲音關係再分雙聲、疊韻、非雙聲疊韻、疊字等類，如：

（一）雙聲

1、丁東。亦作「丁冬」、「叮冬」、「叮咚」。

風鈴聲。唐代韓偓《雨後月中堂閒坐詩》：「夜久忽聞鈴索動，玉堂西畔響丁東。」

2、窸窣

細碎而斷續之聲。唐代杜甫《自京赴奉先縣詠懷五百字詩》：「河梁幸未坼，枝撐聲窸窣。」

（二）疊韻

1、淅瀝

　　（1）霜雪聲。《文選・謝惠連・雪賦》：「霰淅瀝而先集，雪紛糅而遂多。」

　　（2）風雨聲。《紅樓夢・第四十五回》：「又聽見窗外竹梢蕉葉之上雨聲淅瀝……。」

2、唼喋

魚或鳥類吃東西之聲。《文選・司馬相如・上林賦》：「唼喋菁藻，咀嚼菱藕。」

（三）非雙聲疊韻

1、鏗鏘

悅耳清脆之聲。《紅樓夢・第五十三回》：「鴉雀無聞，只聽鏗鏘叮噹，金鈴玉佩微微搖曳之聲。」

2、磕擦

用刀砍物或割物之聲。元代武漢臣《玉壺春・第三折》：「將一朵並頭蓮生磕擦兩分開，刀割斷合歡帶。」

（四）疊字

1、丁丁

（1）伐木聲。《詩經・小雅・伐木》：「伐木丁丁，鳥鳴嚶嚶。」

（2）下雨聲。唐代元稹《景申秋詩》八首之三：「嗢嗢簷霤凝，丁丁窗雨繁。」

（3）下棋聲。宋代王禹偁《黃州新建小竹樓記》：「宜圍棋，子聲丁丁然。」

（4）彈奏樂器聲。唐代許渾《聽琵琶詩》：「欲寫明妃萬里情，紫槽紅撥夜丁丁。」

2、濺濺

流水聲。唐代白居易《引泉詩》：「誰教明月下，為我聲濺濺。」

三、聲音的重疊

聲音的重疊使用，造成了疊音詞，許惟賢細分疊音詞為二，其言：

> 疊音詞，舊稱重言……一類疊音詞之意義與其單字義絕然無關，如象聲之丁丁、許許……一類疊音詞之意義即由其單字義生成，其結構關係如同等義并列複合詞。如穆穆、楚楚。〔註4〕

第二類結構等同併列複合詞的「穆穆」、「楚楚」之類，不能算是聯綿詞。第一類之字才算是聯綿詞，依詞性可分為以下幾類：

（一）動詞

如：切切

朋友互相切磋。《論語・子路》：「朋友切切偲偲，兄弟怡怡。」

（二）名詞

如：鵜鵜

〔註4〕許惟賢著，〈論聯綿字〉，《南京大學學報》（哲學・人文・社會科學）（1988年第2期），頁205～206。

亦稱比翼鳥，爲一種雌雄並翅雙飛的鳥，常比喻恩愛的夫妻。《爾雅・釋地》：「南方有比翼鳥焉，不比不飛，其名謂之鶼鶼。」

（三）形容詞

1、濈濈

形容聚集之貌。《詩經・小雅・無羊》：「爾羊來思，其角濈濈。」

2、依依

（1）枝葉柔弱貌。《詩經・小雅・采薇》：「昔我往矣，楊柳依依。」

（2）留戀不捨貌。唐代王維《渭川田家詩》：「田夫荷鋤至，相見語依依。」

（四）象聲詞

1、許許

眾人齊出力時所發之聲。《詩經・小雅・伐木》：「伐木許許，釃酒有藇。」

2、關關

形容鳥鳴聲。《詩經・周南・關雎》：「關關雎鳩，在河之洲。」

四、同義近義單音詞的聯用

意義相同或是近似的單音詞，因爲使用時間長久而變成聯綿詞，例如：

（一）窈窕

《說文・穴部》：「窈，深遠也；窕，深肆極也」窈、窕本義皆可單釋爲深遠之義，爲同義詞。窈窕二字連用表義有三，一是表示美好的樣子，如《詩經・周南・關雎》：「窈窕淑女，君子好逑。」；二是表示妖冶的樣子，如《後漢書・列女傳・曹世叔妻傳》：「入則亂髮壞形，出則窈窕作態。」；三是深遠的樣子，如《文選・陶淵明・歸去來辭》：「既窈窕以尋壑，亦崎嶇而經丘。」《說文》中窈窕二字本可單釋深遠之義，至東晉陶淵明時已合爲聯綿詞。

（二）屯邅

《說文・屮部》：「屯，難也。像艸木之初生，屯然而難，从屮貫一屈曲之也」；《玉篇・辵部》：「邅，張連、除連二切，轉也。」屯邅二字皆可單訓爲義，但亦有把二字連用當作聯綿詞的例子，如《文選・左思・詠史詩》八首之七：「英雄有屯邅，由來自古昔。」將屯邅釋爲人因困頓而不得志。亦作「迍邅」。

此例甚多，尚有魍魅、徘徊、爛熳、紛紜、侏儒、磅礴、童蒙等。

五、單音詞的衍音

此類是單音詞加上與其有雙聲或疊韻關係之字，而成爲聯綿詞。徐振邦細分爲四類，舉例如下〔註5〕：

（一）**雙聲聯綿，衍音選取近疊韻字。** 例如：

1、邂逅，衍音在前，匣紐雙聲，支侯旁轉。

2、斯須，衍音在前，心紐雙聲，支侯旁轉。

（二）**雙聲聯綿，衍音字韻部相離較遠。** 例如：

1、慷慨，衍音在前，溪紐雙聲，慷陽部、慨物部。

2、襤褸，衍音在後，來紐雙聲，襤談部、褸侯部。

（三）**疊韻聯綿，衍音選取準雙聲字。** 例如：

1、滄浪，衍音在後，陽部疊韻，清來鄰紐。

2、椒聊，衍音在後，幽部疊韻，精來鄰紐。

（四）**疊韻聯綿，衍音字聲紐相離較遠。** 例如：

1、便娟，衍音在前，元部疊韻，便並紐、娟影紐。

2、樛流，衍音在後，幽部疊韻，樛見紐、流來紐。

六、單音詞的緩讀

語言使用本有緩急之異，緩讀一字可變爲二字，急讀二字可變爲一字，即鄭樵《通志・六書略》所謂：「慢聲爲二，急言爲一。」之理。由緩讀而產生的聯緜字很多，宋人洪邁不但發現這樣的情況，還舉出十七例，如下：

> 世人語音，有以切腳而稱者，亦間見之于書史中，如以蓬爲勃籠，
> 槃爲勃闌，鐸爲突落，巨爲不可，團爲突欒，鉦爲丁寧，頂爲謫額，
> 角爲矻落，蒲爲勃盧，精爲即零，螳爲突郎，諸爲之乎，旁爲步廊，
> 茨爲蒺藜，圈爲屈攣，錮爲骨露，窠爲窟駝是也。〔註6〕

洪邁舉出蓬緩讀爲勃籠、槃緩讀爲勃闌諸例。據以上多例，可知語音緩讀確是形成聯緜字之重要因素，孫德宣、張壽林、胡楚生皆贊同此說。胡楚生說：

〔註5〕此處音韻，徐振邦於上古以王力《漢語史稿》之 32 聲母、30 韻部爲主；中古用王力 35 聲母、《廣韻》韻目爲主；亦多採郭錫良《漢字古音手冊》之見解，詳參徐振邦著：《聯綿詞概論》，頁 86、276～281。

〔註6〕〔宋〕洪邁著：《容齋隨筆・容齋三筆・切腳語》，《叢書集成三編》冊 71（臺北：新文豐出版社，民國 85 年 3 月），頁 169。

「聯緜字的產生，語音的緩急，應該是一個非常重要的因素。」〔註7〕胡氏此說中允。

七、外來詞的音譯

中國疆域廣大，民族眾多，不同語言間的翻譯，是造成聯綿詞產生的重要因素。因爲漢字多是單音節，而外語卻常是雙音節或更多音節，一個漢字代表一個音節，所以譯音詞造成聯緜字的大量形成，以下分來源而舉例：

（一）英語。如：

1、摩登，即 modern，表現代、時髦之義。

2、可樂，即 cola，一種由碳酸水注入二氧化碳，含有可樂果香液的飲料。

（二）日語。如：

1、紅不讓，即ホームラン，棒球術語，表示全壘打。

2、達人，即ダレン，專家之義。

（三）馬來語。如：

1、檳榔，即 pinang，常見植物名。

2、蘆薈，即 aloe vera，常綠植物名。

（四）蒙古語。如：

1、戈壁，即 gobi，沙漠之義。

2、胡同，即 quduq，原指水井，今指小巷道。

（五）滿語。如：

1、薩滿，即 saman，指薩滿教中，能與自然、精靈溝通的巫師。

2、失失，即 sisi，指榛樹的果實。

（六）藏語。如：

1、喇嘛，即 blama，在西藏民間廣泛稱任何受敬的僧人。

2、糌粑，即 tsampa，將青稞炒熟，再磨成粗粉狀，以茶與酥油合拌而食，爲西藏人主食。

（七）梵語。如

1、南無，即 namas，敬禮的意思。

2、菩薩，即 bodhisattva，全名爲「菩提薩埵」，意義有二，一是專指成

〔註7〕胡楚生著：《訓詁學大綱》（臺北：華正書局，民國 92 年 9 月），頁 63。

佛前的悉達多太子；二是指具備自利、利他的大願，追求無上覺悟境界，並且已證得性空之理的眾生。

除以上七種外，因今日全球社會的密切接觸，更多的譯音聯綿詞仍在不斷產生中。

八、單音詞複輔音聲母的分立

這是語音學的一個假設學說，眾說紛紜。據徐振邦歸納諸多學者之研究〔註8〕，產生自「複輔音分立」的聯綿詞有「朦朧」、「葫蘆」、「渾沌」等。

關於聯綿詞來源的八個說法，有的已被大多學者接受，有的如複輔音分立說，則需要未來學者的更多研究證明。然確為可信的是，聯綿詞為語言所生，為語言所用，與語言的應用密不可分，為漢語一個非常重要的語言因素。

貳、古今諸定義

聯緜字在沒有文字時，即已存在語言中，自先秦以降，乃至六朝、隋、唐等朝代，皆與外族交流頻繁，聯綿詞大量產生，但一直到北宋張有才首創「聯緜字」一詞，並舉例歸為一類，可惜張有未對聯緜字下明確的定義，要至明、清，才有較多學者研究並提出看法。以下舉出諸家重要著作與看法：

一、明　代

（一）楊慎《古音複字》、《古音駢字》

楊慎，字用修，號升庵，別號博南山人、博南戍史，諡文憲，四川新都人，為內閣首輔楊廷和之子，正德年間狀元，其著《古音複字》是本專門蒐羅疊音字的書，收有「湛湛」、「霎霎」、「戎戎」等字；全書收雙音詞一千多個，按韻編排，每個詞間用「○」號分隔，後皆注明出處，僅針對特別難懂之例簡短注釋，以今日標準而視，其中聯綿詞佔近半數，書中有「凹凸」、「諷諫」、「京魚」、「府首」、「欸乃」、「有郭」等例。可惜楊慎未對「駢字」、「複字」個別定義，不知其收字標準，僅知其所謂「駢字」不含重言的疊音字，另起「複字」之稱。

（二）朱謀㙔《駢雅》

朱謀㙔，字明父，一字郁儀，豫章人，是明甯獻王朱權的曾孫，博學多聞、好讀書。明萬曆十五年（西元 1587 年）著成《駢雅》，收有四千多個雙

〔註8〕詳參徐振邦著：《聯綿詞概論》，頁 110～129。

音詞。凡是二字一義或字異義同之類，均而加以解釋，故稱《駢雅》。書共七卷，延用《爾雅》體例編輯，分爲釋詁、釋訓、釋名稱、釋官、釋服食、釋器、釋天、釋地、釋草、釋木、釋蟲魚、釋鳥、釋獸類。余長祚於該書〈序〉云：「駢之爲言並馬也，聯也，謂字與説俱偶者也。篇仍《爾雅》之舊者，明有所沿而不敢創也；文專駢聯之義者，示有所益而不欲襲也。括殊號於同條，標微言于兩字。」由余氏所言，可知朱謀瑋與余長祚認爲「駢字」即是聯緜字，也就是「雙音詞」。《駢雅》可說是《爾雅》的擴大本。李運富稱《駢雅》：「是我國第一部具有較大規模的比較完整的『聯綿字典』。」〔註9〕書中有「激流」、「骨鯁」、「彈棋」、「玄鳥」、「夜者」、「司徒」等例。

（三）方以智《通雅》

　　方以智，字密之，號曼公，自號有龍眠愚者、浮山愚者、澤園主人、密山子等。明亡後，改名吳石公，流亡嶺南一帶；後來出家，改稱弘智、行遠、墨曆等，爲人尊稱木大師、青原尊者、四眞子等。《通雅》全書共五十二卷，其中第三至第四十九卷仿《爾雅》體例分爲二十類，八卷爲「釋詁」類，而類中有三卷爲「謰語」、二卷爲「重言」。方以智對謰語下定義說：

　　　　謰語者，雙聲相轉而語謰謱也。〔註10〕

方氏認爲謰語是二字因爲音節連緜而成，而且所謂「雙聲」，並不僅限聲母相同，是指音讀相同，因爲其書字例還有疊韻、疊字、非雙聲疊韻等類。〈謰語〉三卷，共收三百多組詞，有一百四十多個聯綿詞，約佔半數。訓解方式如：

　　　　逶迤，一作委蛇，蜲蛇、逶蛇、委它……委迤各異，其連呼聲義則

　　　　一也。〔註11〕

其他例子還有「逶迤」、「玲瓏」、「慷慨」、「消息」、「從容」、「殷勤」、「婆娑」等。〈重言〉二卷與〈謰語〉訓解詞義的方式相同，皆採「因聲知義，知義而得聲。〔註12〕」的方法，也就是每個相同意義的詞組，都是聲音有所關連的族群。除此之外，陳玉玲進一步舉出「彷彿」、「仿佛」，「苾慨」、「慷慨」

〔註9〕 李運富著：〈是誤解不是「挪用」——也談古今聯綿字觀念上的差異〉，《中國
　　　　語文》（1991年第5期），頁3。
〔註10〕〔明〕方以智著：《通雅》，《景印文淵閣四庫全書》冊857（臺北：臺灣商務
　　　　印書館，民國75年7月），頁3。
〔註11〕〔明〕方以智著：《通雅》，《景印文淵閣四庫全書》冊857，頁167。
〔註12〕〔明〕方以智著：《通雅》，《景印文淵閣四庫全書》冊857，頁166。

等例，認爲方以智所舉的字例，不止聲音連綿，某些亦兼具形體連綿的特色。〔註13〕

二、清　代

（一）程際盛《駢字分箋》

程際盛，江蘇吳縣人。本書分上下兩卷，自古書中收集並列的詞語，如「日月」、「寒暑」、「原野」、「沐浴」、「切磋」、「翶翔」、「田疇」等，再據原書解釋爲注，並依事類排列。此書與吳玉搢《別雅》、洪亮吉《比雅》相似。

（二）周春《杜詩雙聲疊韻譜括略》

周春，字松靄，海寧人，是文獻中首位直接給予聯綿詞定義的人，見其〈論各書・楊慎文集四則〉一文，反駁楊慎〈上林賦連綿字〉中所舉字例。其云：

> 連綿字者謂偏傍形體連綿而相類也，其中未必無雙聲疊韻，但儻有連綿，而非雙聲疊韻者，如左右、江河之屬，難悉數矣。升菴不明其源，模糊說去，所舉者雙聲疊韻，而概指爲連綿，似是而非。殊不知雙聲疊韻，固亦有連綿，如所舉禧營，即屬二者相兼，而連綿之名，究不可以概雙聲疊韻也。〔註14〕

據上可知，周氏對於聯縣字的定義是「形體連綿，偏旁相類」，而且可以有「雙聲疊韻」的聲音關係，但連綿字不等於雙聲疊韻字。

（三）王念孫《讀書雜志・漢書第十六》

王念孫，字懷祖，自號石臞，是王引之的父親，與錢大昕、盧文弨、邵晉涵、劉台拱被共譽爲「五君子」。該書提及「連語」說：

> 凡連語之字，皆上下同義，不可分訓。〔註15〕

王氏認爲連語是兩個意義相同的字構成，且不能分開單獨訓解。因此他訓釋連語，強調兩詞意是相同的，如「感慨」、「陵夷」、「提封」等。不過王氏所定義之類，僅能算是聯縣字的一部分，與「窈窕」、「輾轉」、「繽紛」一樣，

〔註13〕陳玉玲著：《漢賦聯綿詞研究》（臺中：逢甲大學中國文學研究所碩士論文，民國94年6月），頁22。

〔註14〕〔清〕周春著：《杜詩雙聲疊韻譜括略・卷七》，《原刻景印百部叢書集成》第35部（臺北：藝文印書館，民國57年。），頁16～17。

〔註15〕〔清〕王念孫著：《讀書雜志》中冊（北京：中國書店，1985年3月），頁31。

是由兩個同義字組成。

（四）王國維《研究發題》第三節〈古文學中聯綿字之研究〉

王國維，字伯隅、靜安，號觀堂、永觀，清末秀才，爲一代國學大師，甲骨四堂之一。王國維對於聯緜字的觀念，見於〈古文學中聯綿字之研究〉，亦見於其寫給沈兼士的信當中。其云：

> 聯綿字合二字而成一語，其實猶一字也。分類之法，擬分雙聲字爲
> 一類，疊韵字爲一類，非雙聲疊韵者，又爲一類。〔註16〕

據上可知，王國維認爲聯綿字是合二字而成的雙音節詞，可分雙聲、疊韻、非雙聲疊韻三類。除以上四說外，尚有王筠《毛氏雙聲疊韻說》、《毛詩重言》、鄧廷楨《說文解字雙聲疊韻譜》等書，討論相關聯緜字的議題，但細究其內容，對於聯緜字研究，助益不大。

三、現　代

自清代以後，現代研究聯緜字者，有如雨後春筍，相關論著蔚爲可觀，如以下：

（一）王力

王力早年在《中國語法理論》說：

> 中國有所謂聯綿字，就是聲音相同或相近的兩個字，疊起來成爲一
> 個詞。〔註17〕聯綿字大致可分爲三種：（一）疊字，即「關關」、「噭
> 噭」、「淒淒」、「霏霏」之類；（二）雙聲聯綿，即「丁當」、「淋漓」
> 之類；（三）疊韻聯綿，即「倉皇」、「龍鍾」之類。聯綿字不一定是
> 用於擬聲法和繪景法的，「猩猩」、「鴛鴦」、「螳螂」之類都只是普通
> 的名詞；但是擬聲法和繪景法却大半是由聯綿字構成的。

認爲音同或近的兩字組成的詞，即爲「聯綿字」，但此說尚不夠縝密，後王力於《古代漢語》補強他的說法。其云：

> 連綿字中的兩個字僅僅代表單純複音詞的兩個音節。〔註18〕

綜合以上，王力認爲聯緜字即「僅有一個詞素的雙音詞」。郭在貽、蔣禮鴻、

〔註16〕吳澤主編：《王國維全集・書信・致沈兼士》（北京：中華書局，1984 年 3 月，
　　　　頁 335。
〔註17〕王力原注：聲音不近的，如「淹留」之類，我們只認爲雙音詞，不認爲聯綿
　　　　字。我們對於聯綿字所下的定義和前人不盡相同。詳參王力著：《中國語法理
　　　　論》下冊（北京：中華書局，1954 年 12 月），頁 183。
〔註18〕詳參王力主編：《古代漢語》冊 1（北京：中華書局，1985 年 3 月），頁 88。

任銘善等學者看法與王力大致相同。〔註19〕

（二）周法高

周氏於〈聯綿字通說〉提出他的看法。其云：

> 所謂聯綿字，具有下列一些特點：（1）聯綿字的構成分子，大體在語音上有相同之處，如雙聲，疊韻、疊字等；（2）聯綿字因爲所重在聲，所以在字形上往往不很固定；（3）聯綿字大部份爲狀詞，又有一些爲名詞、歎詞等。（4）聯綿字中有不少爲雙音語，即一個語位包含二個音節者。〔註20〕

周氏是統合王國維與王力的理論，總結出聯縣字的四個特點。

（三）孫德宣

孫德宣亦將聯縣字定義爲「凡擬物形，肖物聲之字，單字不足以盡象，則以複詞爲之以求其似。」〔註21〕孫氏看法與前人大抵相同，持平而論。

四、小　結

總結以上歷代諸家之說可知，第一，聯縣字名稱有聯綿字、連綿字、連縣字、連語、駢字、重言、複字、謰語、衍聲複詞等，雖諸說定義有異，然這些名稱，皆可代表部分或大多數的聯縣字；第二，字形上，因爲聯縣字著重在聲的關係，除張有、周春外，大多學者並未特別規範字形之標準性；第三，字音上，因爲聯縣字來自語言，所以有雙聲、疊韻、非雙聲疊韻、雙聲疊韻、疊音等關係；第四，字義上，多數學者贊成二字表一義，但二字未必要有意義上的關聯。今日教育部《重編國語辭典修訂本》中，對於「聯綿字」的解釋是這樣的：

> 漢語中某些含雙音節的單詞，只具一個詞素，不可分開解釋，否則無意義，狀似聯綿二字爲一語，作用同一般單音節的單詞。可概分爲以下三類：一、疊字：如：「關關」、「淒淒」等。二、雙聲：如：「丁當」、

〔註19〕 詳參郭在貽著：《訓詁叢稿》（上海：上海古籍出版社，1985年2月，頁316；蔣禮鴻、任銘善著：《古漢語通論》，（杭州：浙江教育出版社，1984年4月，頁59。

〔註20〕 周法高著：〈聯綿字通說〉《國立臺灣大學文史哲學報》（第6期，民國43年12月），頁75～90，《中國語文論叢》（臺北：正中書局，民國70年10月），頁132～133。

〔註21〕 孫德宣著：〈連綿字淺說〉《輔仁學誌》第11卷，第一、二期合刊，民國32年12月），頁3309～3315。

「淋漓」等。三、疊韻：如：「倉皇」、「龍鐘」等。大部分的聯綿字為形容詞、副詞、狀聲詞，也有一些為名詞、嘆詞等。寫法在文獻上也往往並不固定。亦「連綿字」、「謰語」、「衍聲複詞」。〔註22〕

　　據上可知現代聯緜字定義簡言為「只具一個詞素的雙音節單詞，不可分訓，字形不固定」，這與宋、明、清以來諸家學說或有不同，但已是臻於成熟的說法。關於宋至現代的諸說比較，詳參下表：

宋至現代「聯緜字」演進表〔註23〕

分期	時代	著者	名稱	語料範圍	字數	聯緜字字形	聯緜字字音	聯緜字字義
聯緜字理論漸成期	宋代	張有	聯緜字	未說明	2	未說明（見於《說文》正字）	未說明（雙聲、疊韻、非雙聲疊韻）	未說明（二字表一義）
	明代	楊慎	駢字、複字	遠古資料	2	未說明	駢字：雙聲、疊韻、非雙聲疊韻。複字：疊音字	未說明
		朱謀㙔	駢字	古書文句	2〔註24〕	未說明	未說明	駢異為同
		方以智	謰語	經史為主，旁涉諸子百家	2	未說明（由字例可知應有相同字根）	〈謰語〉：雙聲、疊韻、非雙聲疊韻〈重言〉：疊音字	詞義具整體性，但著重聲音關係
聯緜字理論定義至分歧期	清代	程際盛	駢字	古書中的並列詞語	2	未說明	未說明	未說明
		周春	連綿字	〈上林賦〉	2	偏旁形體聯緜	雙聲、疊韻、非雙聲疊韻	未說明
		王念孫	連語	遠古資料	2	未說明	未說明（雙聲、疊韻）	二字同義
		王國維	聯綿字	遠古資料	2	未說明	雙聲、疊韻、非雙聲疊韻	詞義整體

〔註22〕參見教育部《重編國語辭典修訂本》。網址：http://dict.revised.moe.edu.tw/。
〔註23〕此表部分參自陳玉玲《漢賦聯綿詞研究》附表一。參陳玉玲著：《漢賦聯綿詞研究》，頁35。
〔註24〕以雙音節為主，亦有三個或四個音節。

	現代	王力	聯（連）綿字	範圍廣大未說明	2	未說明	雙聲、疊韻、疊字	單純詞
		周法高	聯綿字	範圍廣大未說明	2	字形不固定	雙聲、疊韻、疊音字等類	未說明
		孫德宣	連綿字	未說明	2	未說明	雙聲、疊韻、非雙聲疊韻	複詞
固定期		教育部《重編國語辭典修訂本》	聯綿字	漢語文獻	2	字形往往不固定	疊字、雙聲、疊韻等	只具一個詞素的雙音節單詞，不可分訓

　　據上表，宋代張有爲首位定名「聯緜字」者，後人所言「聯綿字」、「聯綿詞」等語，大抵名稱仍與「聯緜字」相近，姑且不論名稱爲何，單就字面名稱看來，多有相連、重覆之義。宋至現代諸家學者，除張有外，雖有方以智、周春二者字例有字形上的關聯性，但多數學者未嚴格要求二字於字形必須有所關聯；字音方面，顯而易見，聲音近似爲「聯緜字」相當重要的成因之一；字義方面，則未有明顯共識，有的認爲必須二字表一義，著重整體詞義，有的又不特別要求，實難有定論。後出轉精，現代聯綿詞經歷長時間的發展，對於「聯綿詞」定義，已漸有大致相同的見解，就「聯綿詞」發展而論，已是臻於成熟。

第二節　《復古編》所見聯緜字分析

　　《復古編》聯緜字之分析，可由「編輯體例」、「字形」、「字義」、「字音」四方面綜合討論。

壹、編輯體例

　　大抵而言，聯緜字一類之編輯體例基本上仍依循正文體例，首以篆字作字頭，其次爲篆字隸定字形，接著釋形、釋音、釋義，最後舉別體言「非」。

一、釋字形、字音、字義

　　篆字後會放上「聯緜篆字」隸定之字形，僅有前四例「劈歷」、「滂沛」、「廫霩」、「壹壺」未作如此編排，如：

　　　廫霩　廫，从广膠，洛蕭切；霩，从雨郭，苦郭切。別作寥廓非。

除此四例以外，釋字形皆以「从某某」方式，例如：

　　顦顇　顦，从頁焦，昨焦切。顇，从頁卒，秦醉切。別作憔
　　　　　悴非。

　　坳垤　坳垤，地不平也。坳，从土幼，於交切。垤，从土至，徒結
　　　　　切。別作凹凸非。

釋字音則用切語注音，字義以「某也」、「某某也」方式以釋字義，如：

　　玓瓅　玓瓅，明珠也。玓，从玉勺，都歷切。瓅，从玉樂，郎擊切。
　　　　　別作的皪非。

　　躑躅　躑躅。住足也，躑从足商省，直隻切。躅从足蜀，直錄切。
　　　　　別作躑躅非。

二、釋俗字

在完整的聯緜字釋形音義之後，言「別作某某俗」，僅有一例：

　　豈弟　豈弟。豈，从豆微省，苦亥切。弟，象形，特計切，別作愷
　　　　　悌俗。

三、釋今字

在完整的聯緜字釋形音義之後，言「今作某某」，僅有一例：

　　橐佗　橐佗。案：《史記》匈奴奇畜也。橐，从橐省石，他各切。佗，
　　　　　从人它，徒何切。今作駱駝非。

四、引書證

以「案」為開頭，表明要加案語，語中引書證為解釋，共援引《史記》、
《古樂府解題》、〈鞦韆賦序〉三例如：

　　千秌　千秌。案：詞人高無際作〈鞦韆賦序〉云：漢武帝後庭之戲
　　　　　也。本云千秋，祝壽之詞也。語譌轉為鞦韆，後人不本其意，
　　　　　乃造此二字，非皮革所為、非車馬之用，不合从革。千，从
　　　　　十从人，此先切。秌，从禾龜省，七由切。

五、說明別字來源

在完整的聯緜字釋形音義之後，言「某某所加」，僅有一例如：

　　消搖　消搖，猶翱翔也。消，从水肖，相邀切；搖，从手䍃，余昭
　　　　　切。別作逍遙，《字林》所加。

以上五種為《復古編》對於聯縣字的基本編輯體例。五十八組字例中，多會釋一組「聯縣字」之義，如：

昆侖，山名。昆，从日比，古渾切。侖，从亼冊，力屯切。別用崑嵜非。

這代表「昆侖」合作聯縣字時的意思是「山名」，不過，其中有十三例是未言聯縣字義的，如：

劈歷，劈，破也，从刀辟，普擊切；歷，過也，从止厤，郎擊切。別作霹靂非。

廖霩，廖，从广膠，洛蕭切；霩，从雨郭，苦郭切。別作寥廓非。

不知張有為何未釋。然此小處，不足影響此類字組之編排。洞悉體例後，探求內涵自當事半功倍。

貳、字形關係

一、正　字

此處分析五十八組被張有視為正字之字，於字形上的關係，可分四類如下：

（一）部首相同：此類有 19 例，佔 33%

滂沛、籩箸、闤闠、怳忽、蹢躅、坎坷、玓瓅、褒裒、濆洧、顡頜、琲瓃、枇杷、蚖蜢、蟹蝝、蜗蝸、蘆菔、麔䍶、坳埊、蕡苣

（二）字根相同：此類有 3 例，佔 5%

餗脆、纆絓、壹壺

（三）為別字聲符：此類有 10 例，佔 17%

豈弟、左右、丁寧、屯亶、阿邨、昆侖、目宿、車渠、加沙、卑居

（四）其他：此類有 26 例，佔 45%

劈歷、消搖、裵回、廖霩、埊沱、厹區、匋市、跱躇、讄咦、軼述、僒何 、髻甋、襌縛、千烁、空疾、處虛、族鑿、流離、餘皇、詹諸、即令、谿鵠、夗蟺、解廌、橐佗、爨眉

二、別　字

別字之間的字形關係，可概分三類如下：

（一）部首相同：此類有 51 例，佔 88%

霹靂、霶霈、氤氳、絪縕、逍遙、徘徊、愷悌、佐佑、蹉跎、躊躇、崎嶇、週迊、踟躕、繽紛、隉阢、婀娜、躑躅、轗軻、的皪、鞦韆、箜篌、崑崙、苜蓿、瘯蠡、硨磲、琉璃、齠齔、鶺鴒、魍魎、蜿蜒、溱渭、憔悴、蓓蕾、罥罣、叮嚀、迍邅、囁嚅、蹤跡、艅艎、薏苡、琵琶、舴艋、蟾蜍、鶺鴒、駱駝、贔屭、蘿蔔、萊菔、提攜、袈裟、凹凸、恍惚、鸂鶒

（二）部件相似：此類有 3 例，佔 5%

寥廓、懷抱、獬豸

（三）其他：此類有 4 例，佔 7%

檐荷、繈褓、伏犧、班猫

三、正別字

正字與別字之間的字形關係，則可概分四類如下，（　）內爲正字：

（一）聲符相同或相近：此類有 39 例，佔 67%

霹靂（劈歷）、霶霈（滂沛）、逍遙（消搖）、徘徊（裴回）、蹉跎（蹉沱）、躊躇（箸箸）、崎嶇（敧嶇）、恍惚（怳忽）、寥廓（廖霩）、週迊（匊帀）、繽紛（闠闅）、憔悴（顦顇）、的皪（玓瓅）、懷抱（褱袌）、琵琶（枇杷）、舴艋（蚱蜢）、蹤跡（蹤迹）、檐荷（儋何）、踟躕（峙躇）、繈褓（襁緥）、齠齔（髫齔）、提攜（媞孅）、艅艎（餘皇）、琉璃（流離）、氤氳絪縕（壹壺）、薏苡（藷苢）、蟾蜍（詹諸）、鶺鴒（即令）、箜篌（空矦）、躑躅（蹢躅）、轗軻（坎坷）、蓓蕾（琲瑂）、鸂鶒（谿鴣）、魍魎（蛧蜽）、瘯蠡（族絫）、蜿蜒（夗蟺）、獬豸（解廌）、駱駝（槖佗）

（二）增加字根：此類有 10 例，佔 17%

愷悌（豈弟）、佐佑（左右）、叮嚀（丁寧）、迍邅（屯亶）、婀娜（阿那）、崑崙（昆侖）、苜蓿（目宿）、硨磲（車渠）、袈裟（加沙）、鶺鴒（卑居）

（三）部首相同：此類有 2 例，佔 3%

蘿蔔萊菔（蘆菔）、溱渭（湆洧）

（四）字根近似：此類有 3 例，佔 5%

罥罣（羂絓）、贔屭（奰眉）、囁嚅（讘吺）

（五）其他：此類有 4 例，佔 7%

凹凸（坳垤）、鞦韆（千秋）、伏犧（虙虧）、班猫（盤蝥）

四、字形關係分析

第一，正字部分，只有 55%的字組是有形體上的關係，有近一半是形體迥異，代表《復古編》聯緜字正字的字形關係並不明確；第二，別字部分，其中高達 88%是同部首之字，還有 5%是字根相似，僅有 4%是字形相異無關聯，也就是說，別字的來源，很多可能是加上相同部首的後起形聲字；第三，正字與別字間，聲符相同或相近的比例有 67%，有 17%是在既有的字形上加上字根，這類字不少是後起形聲字，意即 67%加上 17%，共有 84%左右的聯緜字正別字間是有聲音關係的。張有所謂的正字，於字形上的相關性不如別字來的高，這是因為文字後出轉精，愈來愈多的後起形聲字，在相同的字根上稍作變化，便具有辨義作用，使得文字日漸繁複，俗作訛造之字也愈多，規範字形之重要性日增，其辨字標準不能只以《說文》為唯一準繩。

參、內容探析

以下筆者自各種字書、傳世文獻，探究《復古編》中張有所列舉的聯緜字之「正」或「非」，究竟是否有待商榷之處。

一、「劈歷　劈，破也，從刀辟，普擊切；歷，過也，從止厤，郎擊切。別作霹靂非。」

祺謹按：張有認為「劈歷」為正字，是採徐鉉之說，見《說文·雨部》：「劈歷，振物者，從雨辰聲。《春秋傳》曰：『震，夷伯之廟。』臣鉉等曰：『今俗別作霹靂非是，章刃切。』」〔註25〕張有依徐鉉之說言「霹靂」為非。又《爾雅·釋天》「疾雷為霆霓」下郭璞注曰：

> 雷之急擊者為霹靂。〔註26〕

據郭璞之說，「霹靂」指「急而響的雷」，可參《龍龕手鑑·雨部》：「霹靂，上普擊反，下音曆，霹靂者，陽氣動作，大雷震也。」〔註27〕此外，《左傳》用「劈歷」，如：

> 《左傳·僖公十五年》「震夷伯之廟」疏：「劈歷有聲、有光，雷電

〔註25〕〔東漢〕許慎撰；〔宋〕徐鉉校定：《說文解字》，頁 240。

〔註26〕〔晉〕郭璞注；〔宋〕邢昺疏：《爾雅註疏》，《中華漢語工具書書庫》冊 43（合肥：安徽教育出版社，2002 年 6 月），頁 193。

〔註27〕〔遼〕釋行均撰：《龍龕手鑑》，《中華漢語工具書書庫》冊 1（合肥：安徽教育出版社，2002 年 6 月），頁 512。

之大者耳，故言雷電以明之。」〔註28〕

「劈歷」、「霹靂」皆早見使用，兩者皆可代表「急而響的雷」，但「劈歷」使用早，且出自《說文》，故張有言「劈歷」爲是。

二、「滂沛　滂，從水旁，普郎切；沛，從水㳄，普蓋切。別作霶霈非。」

祺謹按：「滂沛」，可見於《史記·司馬相如傳》中，張守節〈正義〉有云「涉豐隆之滂沛」〔註29〕左思《吳都賦》亦有「包湯谷之滂沛」〔註30〕之句，《廣韻·下平聲·十一唐》「霶」字：「霶霈，大雨。」〔註31〕由以上可知「滂沛」早見於史書中，是指大水流溢也。而「霶霈」最早收錄於《龍龕手鑑》，故雖二者皆作大雨之意，但「霶霈」晚出。張有據徐鉉之說，見《說文·雨部》：「今俗別作霶霈非是。」〔註32〕

三、「廖霩　廖，從广膠，洛蕭切；霩，從雨郭，苦郭切。別作寥廓非。」

祺謹按：清代邵瑛《說文解字群經正字》：「廖，空虛也，從广膠聲，霩，雨止雲罷，從雨郭聲，此爲寥廓正字，徐鉉曰：今別作寥廓非是。」〔註33〕廖霩之義應爲「空虛也」。寥、廓最早收於《龍龕手鑑》與《玉篇》，所以「廖霩」先有、「寥廓」晚出。張有乃據徐鉉之說。

四、「壹壺　壹，從壺吉，於悉切；壺，從壺凶，於云切。吉凶〔註34〕在壺中不得渫也。別作氤氳，又作絪縕，並非。」

祺謹按：壹壺，謂元氣渾然，吉凶未分也。《說文·壺部》壹字下曰：「壹，壹壺也，從凶從壺，不得泄也。《易》曰：『天地壹壺。』」〔註35〕段玉裁注

〔註28〕李學勤主編：《春秋左傳正義·莊公～僖公》（臺北：臺灣古籍出版社，2001年10月），頁426～427。

〔註29〕〔漢〕司馬遷撰；〔南朝宋〕裴駰集解；唐司馬貞索隱、張守節正義：《史記》（北京：中華書局，1959年7月），頁1894。

〔註30〕〔梁〕昭明太子撰；〔唐〕李善注：《昭明文選》（臺北：藝文印書館，2007年8月），頁85。

〔註31〕〔宋〕陳彭年等著：《新校宋本廣韻》（臺北：洪葉文化出版公司，2005年9月），頁182。

〔註32〕〔東漢〕許慎撰；〔宋〕徐鉉校定：《說文解字》（北京：中華書局，1963年12月），頁229。

〔註33〕〔清〕邵瑛撰：《說文解字群經正字》，《中華漢語工具書書庫》冊28（合肥：安徽教育出版社，2002年6月），頁171～536。

〔註34〕經查〔宋〕徐鉉校定《說文解字》、〔清〕段玉裁注《說文解字》皆無「吉凶」二字。

〔註35〕〔東漢〕許慎撰；〔宋〕徐鉉校定：《說文解字》，頁214。

解：「許據《易》孟氏作壹，乃其本字，他皆俗字也。」〔註36〕；《龍龕手鑑‧氣部》「氤氳」下注：「上音因，下于君反。氤氳，元氣也，如雲非雲，似烟不煙，祥瑞氣也。」〔註37〕、《龍龕手鑑‧卷四》「絪縕」下注：「音因。絪縕，麻枲也。」〔註38〕氤氳、絪縕最早見於《龍龕手鑑》，與「壹壹」相較，氤氳義近，絪縕義異。據此，依段玉裁之說，「壹壹」爲本字，氤氳、絪縕爲晚出之俗字，張有所言有理。

五、「消搖　消搖，猶翱翔也。消，从水肖，相邀切；搖，从手䍃，余昭切。別作逍遥，《字林》所加。」

祺謹按：見《說文‧辵部》：「逍，逍遙，猶翱翔也，从辵宵聲。臣鉉等案：『《詩》只用消搖，此二字《字林》所加，相邀切。』」〔註39〕由徐鉉所言，可知「猶翱翔也」之本義正字應用「消搖」，「逍遥」雖義同，但是《字林》後來附上，爲晚出字。張有乃據徐鉉之說。

六、「裹回　裹回，寬衣也。裹，从衣非，薄回切。回，轉也，从口中，象回轉形，戶恢切。別作徘徊非。」

祺謹按：見《說文‧衣部》：「臣鉉等案：『《漢書》裹回用此，今俗作徘徊，非是。』」〔註40〕張有據徐鉉之說，且《後漢書‧蘇竟傳》注云：「裹回，謂縈繞淹囬是也，俗乃作俳佪、徘徊矣。薄回切。」〔註41〕所以「裹回」早有，「徘徊」晚出。

七、「豈弟　豈弟。豈，从豆微省，苦亥切。弟，象形，特計切，別作愷悌俗。」

祺謹按：見《說文‧心部》愷字下云：「臣鉉等曰：『豈部已有，此重出。』」〔註42〕張有據徐鉉之說，知「豈弟」爲先有，「愷悌」後出，但未言非。因爲據《毛詩正義‧小雅‧南有嘉魚之什‧蓼蕭》「既見君子，孔燕豈弟」傳云：

〔註36〕〔東漢〕許慎撰；〔清〕段玉裁注：《說文解字》（臺北：洪葉文化事業公司，2005 年 9 月），頁 500。

〔註37〕〔遼〕釋行均撰：《龍龕手鑑》，《中華漢語工具書書庫》冊 1，頁 525。

〔註38〕〔遼〕釋行均撰：《龍龕手鑑》，《中華漢語工具書書庫》冊 1，頁 529。

〔註39〕〔東漢〕許慎撰；〔宋〕徐鉉校定：《說文解字》，頁 42。

〔註40〕〔東漢〕許慎撰；〔宋〕徐鉉校定：《說文解字》，頁 172。

〔註41〕〔南朝宋〕范曄撰《後漢書》，《景印文淵閣四庫全書》冊 252（臺北：臺灣商務印書館，民國 75 年 7 月），頁 715。

〔註42〕〔東漢〕許慎撰；〔宋〕徐鉉校定：《說文解字》，頁 217。

> 豈樂弟易也。豈，開在反，本亦作愷，下同後。豈弟放此，弟如字本亦作悌，音同，後皆放此。〔註43〕

「豈弟」、「愷悌」皆有「和樂平易」之義，故張有僅釋「愷悌」爲俗。

八、「　左右，手相左助也。左，从工口，則箇切。右，从又口，于救切，別作佐佑非。」

祺謹按：清人李富孫《說文辨字正俗》所云：

> 古左右字作𠂇又，而相助字作左右。《易》、《詩》、《爾雅》猶不加人旁，後人別製佐佑字，而以左右爲𠂇又。《論語》：「左右手，是也。」《尚書》、《周禮》从人旁，皆後人所改也。〔註44〕

檢視《書・益稷太甲君牙》、《周禮・士師》，所用左右字皆未加人旁，加人旁之「佐佑」字爲後人所製，原應用「左右」，故張有視爲正字。

九、「　差沱，失時也。差，𠂹左，七何切。沱，从水它，徒何切。別作蹉跎非。」

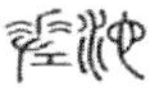

祺謹按：見《說文・足部》：「蹉，蹉跎，失時也。从足差聲。臣鉉等案：『經史通用差池，此亦後人所加，七何切。』；跎，蹉跎也，从足它聲，徒何切。」〔註45〕又《說文・水部》「沱」字下，徐鉉亦云：「沱沼之沱通用此字，今別作池，非是。徒何切。」〔註46〕張有據徐鉉之說，爲表「失時」之意，採用「差沱」爲正字。

十、「　𢡱箸，猶豫也。𢡱，从心䈞，直由切。箸，从竹者，陳如切。別作躊躇非。」

祺謹按：見《說文・心部》：「𢡱，𢡱箸也。」〔註47〕《說文・竹部》：「箸，飯攲也。」〔註48〕據以上，𢡱有「躊躇」之意，「躊躇」則晚見於《龍龕手鑑・足部》：「躊躇，上音紬，下音除。躊躇，猶豫躑躅也。」〔註49〕故「𢡱箸」早出，「躊躇」晚出，張有以《說文》所收之「𢡱箸」爲正。

〔註43〕〔漢〕毛亨傳；〔漢〕鄭玄箋；〔唐〕孔穎達疏；李學勤主編；龔抗雲等整理：《毛詩正義・小雅》：（臺北：台灣古籍出版社，2001年10月），頁724。

〔註44〕〔清〕李富孫撰：《說文辨字正俗》，《說文解字研究文獻集成・古代卷》第8冊（北京：作家出版社，2006年7月），頁371。

〔註45〕〔東漢〕許愼撰；〔宋〕徐鉉校定：《說文解字》，頁48。

〔註46〕〔東漢〕許愼撰；〔宋〕徐鉉校定：《說文解字》，頁224。

〔註47〕〔東漢〕許愼撰；〔宋〕徐鉉校定：《說文解字》，頁219。

〔註48〕〔東漢〕許愼撰；〔宋〕徐鉉校定：《說文解字》，頁96。

〔註49〕〔遼〕釋行均撰：《龍龕手鑑》，《中華漢語工具書書庫》冊1，頁539。

十一、「敧區。敧，从危攴，去其切。區，从品區，豈俱切。別作崎嶇非。」

祺謹按：《經典文字辨證書》：「敧正、崎別。崎嶇，《說文》作敧區。」
〔註50〕《文選‧高唐賦》引埤蒼云：「崎嶇，不安也。」〔註51〕、〈左思‧魏都賦〉云：「山阜猥積而踦嶇」〔註52〕《史記‧陸賈傳》云：「崎嶇山海間」〔註53〕、〈司馬相如傳〉云：「民人登降移徙，陭嶇而不安。」〔註54〕據上可知，說文作「敧區」爲正字，而「崎嶇」、「陭嶇」、「踦嶇」皆爲後起之俗用。

十二、「匊帀　匊帀，周徧也。匊，从勹舟，職流切。帀，从到之，子荅切。別作週迊非。」

祺謹按：《說文‧勹部》：「匊，帀徧也。」〔註55〕又《說文‧帀部》：「帀，周也。」〔註56〕段玉裁於下注云：「各本作周誤，今正勹部。匊，帀徧也，是謂轉注。」〔註57〕據段注可知，後人誤「匊」作「周」；「週」最早見於《玉篇》。《正字通‧辵部》云：「週，俗周字。」〔註58〕。再者，迊爲「帀」之後起形聲字，所以「匊帀」早出爲正。

十三、「峙躇　峙躇不前也。峙，从止从寺，直離切；躇，从足从屠，直魚切。別作踟躕非。」

祺謹按：《說文‧止部》：「峙，躇也。」〔註59〕段玉裁注曰：「足部曰：『躇者，峙躇不前也。』」〔註60〕《經典文字辨證書》亦視「峙」爲正，踟爲俗。又「踟躕」最早見於《龍龕手鑑》，較「峙躇」晚出。

十四、「鬪鬩，鬪連結相牽也。鬪，从鬥从賓省，匹賓切。鬩，从鬥从燹，撫文切。別作繽紛非。」

〔註50〕〔清〕畢沅撰：《經典文字辨證書‧卷一》（臺北：藝文印書館，民國58年），頁8。
〔註51〕〔梁〕昭明太子撰；〔唐〕李善注：《昭明文選》，頁271。
〔註52〕〔梁〕昭明太子撰；〔唐〕李善注：《昭明文選》，頁111。
〔註53〕〔漢〕司馬遷撰；〔南朝宋〕裴駰集解；唐司馬貞索隱、張守節正義：《史記》，頁1618。
〔註54〕〔漢〕司馬遷撰；〔南朝宋〕裴駰集解；唐司馬貞索隱、張守節正義：《史記》，頁1885。
〔註55〕〔東漢〕許慎撰；〔宋〕徐鉉校定：《說文解字》，頁188。
〔註56〕〔東漢〕許慎撰；〔清〕段玉裁注：《說文解字》，頁275。
〔註57〕同上注。
〔註58〕〔明〕張自烈撰：《正字通‧酉集下‧辵部》（康熙九年刊本），頁50。
〔註59〕〔東漢〕許慎撰；〔清〕段玉裁注：《說文解字》，頁68。
〔註60〕同上注。

祺謹按：《說文・鬥部》：「鬮鬮。鬥連結繽紛相牽也，从鬥，賓省聲，讀若繽。」〔註61〕段玉裁下注云：「舊作鬮。今正。繽各本作鬮。今按許云讀若繽，則許時非無繽字也。《離騷》：『時繽紛其變易。王曰：繽紛亂也。』繽，大徐作鬮，淺人以糸部所無改之也。匹賓切，十二部。」〔註62〕又見《說文・鬥部》：「鬮，鬮連結鬮紛相牽也鬮鬮也。从鬥，燹聲。」〔註63〕《廣韻・上平聲・十六咍》：「繽，繽紛，匹賓切五。」〔註64〕「鬮鬮」早出見於《說文》，「繽紛」晚出不見於《說文》，但《離騷》中已用「繽紛」，亦有連結相牽之意。據此，張有言「別作繽紛非」，應只是未見於《說文》而言。

十五、「坳垤 坳垤，地不平也。坳，从土幼，於交切。垤，从土至，徒結切。別作凹凸非。」

祺謹按：《玉篇・土部》：「坳，烏交切，不平也。」〔註65〕《說文・土部》：「垤，螘封也。从土至聲。《詩》曰：『鸛鳴于垤。』」可知「坳垤」皆有「地不平」之意。而「凹凸」二字，最早見於《龍龕手鑑》，晚出於「坳垤」。

十六、「陧阢 陧阢，危也。徐巡以爲凶也。賈侍中說：『陧，法度也。』班固說：『不安也。』陧，从𨸏，从毀省，五結切；阢，从𨸏兀，五忽切。別作隉𡾃非。」

祺謹按：《說文・𨸏部》：「陧……周書曰：『邦之阢陧』。」〔註66〕段玉裁注曰：

> 秦誓文。上偁三家說而後偁經者、明此書爲說字之書。特偁經爲證也。阢當是轉寫之誤。當是本作扤、或作兀、未可定也。今《尚書》作杌陧，《周易》作劓刖、作臲卼，鄭注字作倪仉，許出部作㜜軏，其文不同如此。阢者，石戴土也，非此之用。〔註67〕

由段注可知，有聲音關係之杌陧、劓刖、倪仉或臲卼等字，皆可表「危

〔註61〕〔東漢〕許愼撰；〔清〕段玉裁注：《說文解字》，頁45。
〔註62〕同上注。
〔註63〕〔東漢〕許愼撰；〔宋〕徐鉉校定：《說文解字》，頁63。
〔註64〕〔宋〕陳彭年等著：《新校宋本廣韻》，頁104。
〔註65〕〔梁〕顧野王撰：《玉篇》，《中華漢語工具書書庫》冊1（合肥：安徽教育出版社，2002年6月），頁145。
〔註66〕〔東漢〕許愼撰；〔清〕段玉裁注：《說文解字》，頁740。
〔註67〕同上注。

也」之義，且常見於經傳之中。據此，張有所說有疑。

十七、「㤤㤪　㤤㤪，狂之皃，从心況省，許往切。㤪，忘也，从心勿，
　　　呼骨切。別作恍惚非。」

祺謹按：符定一《聯綿字典》：「定一按：王念孫《讀書雜志‧九之一》：
『謂㤤㤪當爲㤪㤤，以老子曰，是謂㤪㤤。』證攷《老子》亦作㤤㤪，王誤
引。……《說文》無恍惚字，正字當作㤤㤪。」〔註68〕何晏注《論語注疏‧
子罕》：「言恍惚不可爲形象」〔註69〕據符氏之說，「恍惚」晚出，「㤤㤪」先
有。

十八、「阿𨙻　阿𨙻，垂皃。阿，从𨸏可，烏可切。𨙻，从邑从冄，奴可
　　　切，別作婀娜，从女非。」

祺謹按：「𨙻」即今之「那」字，阿那也，柔弱之貌。《昭明文選‧張平
子‧南都賦》：「阿那菶茸。李善注：『阿那，柔弱之貌，本無女旁，後人加
之耳。』」〔註70〕又符定一說：「《洛神賦》善注作阿那，不作婀娜。《玉篇‧
女部》：『婀，婀娜……。』定一謂婀娜在《說文》爲㜒㛥。」〔註71〕據上可
知「阿那」爲本字，表柔弱貌，而「婀娜」正字應作㜒㛥。

十九、「蹢躅　蹢躅，住足也。蹢，从足啇省，直隻切。躅，从足蜀，
　　　直録切。別作躑躅非。」

祺謹按：《說文‧足部》：「蹢，住足也。从足適省，或曰蹢躅。」〔註72〕
又《說文‧足部》：「躅，蹢躅也，从足，蜀聲。」〔註73〕據上可知「蹢躅」
於《說文》皆表「住足」之意，且「躑躅」不見於《說文》，爲晚出字。

二十、「坎坷　坎坷，陷也。坎，从土欠，苦感切；坷，从土可，康我
　　　切。別用轗軻非。軻，車屬。」

祺謹按：《說文‧土部》：「坷，坎坷也，从土，可聲。徐鍇曰：『坎坷，
不通也。』」〔註74〕又《玉篇‧車部》：「轗，苦敢切，轗軻，亦作坎；軻，口

〔註68〕符定一著：《聯綿字典》（北京：中華書局，1954年2月），頁1511。
〔註69〕〔魏〕何晏注；〔宋〕刑昺疏；李學勤主編：《十三經注疏‧論語注疏》（北京：
　　　　北京大學出版社，1999年12月），頁116。
〔註70〕〔梁〕昭明太子撰；〔唐〕李善注：《昭明文選》，頁71。
〔註71〕符定一著：《聯綿字典》，頁1027。
〔註72〕〔東漢〕許慎撰；〔宋〕徐鉉校定：《說文解字》，頁214。
〔註73〕同上注。
〔註74〕〔東漢〕許慎撰；〔宋〕徐鉉校定：《說文解字》，頁289。

左切，轗軻也，又苦何切。」〔註75〕據上可知「轗軻」雖義同「坎坷」，但不見於《說文》，爲晚出字。

二十一、「玉勺 玓瓅，明珠也。玓，从玉勺，都歷切；瓅，从玉樂，郎擊切。別作的皪非。」

祺謹按：玓瓅，明珠色也。《說文·玉部》：「玓，玓瓅，明珠光也，从王勺聲。；瓅，玓瓅也，从王樂聲。」〔註76〕又《漢書·司馬相如傳·上林賦》：「明月珠子，的皪江靡……師古曰：『皪音歷，的皪，光貌也。』」〔註77〕王先謙《漢書補注》：「王先謙曰：『的皪，《史記》作玓瓅。』」〔註78〕據上可知，「玓瓅」見於《說文》，又見於史書之中，而「的皪」不見於《說文》，應爲後起字。

二十二、「裹裹 裹裹。裹，俠也，从衣罘，戶乖切。裹，从衣包，薄保切。別用懷抱非。懷，思也。抱，與捊同。」

祺謹按：《說文·衣部》：「裹，裹也，从衣包聲。徐鉉等曰：今俗作抱非是，抱與捊同。」〔註79〕據上可知「裹裹」爲早出字，「懷抱」晚出，張有乃據徐鉉之說。

二十三、「澮洧 澮洧。澮，水出鄭國，从水曾，側詵切；洧，水出潁川，从水有，榮美切。別作溱渭字誤。」

祺謹按：《說文·水部》：「澮，澮水，出鄭國，从水，曾聲。《詩》曰：『澮與洧、方渙渙兮。』」〔註80〕段玉裁注云：「側詵切，十二部。按曾聲則在六部。而經傳皆作溱，秦聲。鄭風騫裳涉溱、與豈無他人爲韵，學者疑之。玉裁謂《說文》、《水經》皆云澮水在鄭，溱水出桂陽。蓋二字古分別如是，後來因〈鄭風〉異部合韵，遂形聲俱變之耳。」〔註81〕據以上可知，《詩經》用「澮洧」，後因「〈鄭風〉異部合韵」，誤變爲「溱渭」，所以「澮洧」才是原用。

〔註75〕　〔梁〕顧野王撰：《玉篇》，《中華漢語工具書書庫》冊1，頁239。

〔註76〕　〔東漢〕許慎撰：〔宋〕徐鉉校定：《說文解字》，頁13。

〔註77〕　〔漢〕班固撰：《漢書》，《景印文淵閣四庫全書》冊250（臺北：臺灣商務印書館，民國75年7月），頁364。

〔註78〕　〔清〕王先謙撰：《漢書補注》，《續修四庫全書》冊269（上海：上海古籍出版社，2002年），頁518。

〔註79〕　〔東漢〕許慎撰：〔宋〕徐鉉校定：《說文解字》，頁171。

〔註80〕　〔東漢〕許慎撰：〔清〕段玉裁注：《說文解字》，頁540。

〔註81〕　同上注。

二十四、「顦顇。顦，从頁焦，昨焦切；顇，从頁卒，秦醉切。別作憔悴非。」

祺謹按：《說文・頁部》：「顦，顦顇，从頁焦聲，昨焦切。；顇，顦顇也。」〔註82〕段玉裁注云：「許書無顦篆，大徐增之，非也。錢大昕曰：『面部之醮、當是正字。』……今人多用憔悴字。許書無憔篆，悴則訓憂也。」〔註83〕由段注與錢氏之說，「醮」方爲最早之用字，再者，慧琳《一切經音義・六十》「憔悴」下云：

> 上齊遙反，下情遂反，《考聲》云：「憔悴，瘦惡也，亦從頁作顦顇。」《毛詩》從言作譙誶，班固從疒作癄瘁，《方言》從心作憔悴，漢武帝〈李夫人賦〉從女作嫶媞，《左傳》從草作蕉萃。《蒼頡篇》云：『憔悴者，憂愁也。亦無定體，諸儒隨意作之，並行於世，未知孰是。』」
>
> 〔註84〕

是故，經傳已多用不同偏旁之字，張有只因《說文》無「憔」字，而定正字爲「顦」，應是有誤。

二十五、「琲瓃　琲瓃，始華也。琲，从玉非，普乃切；瓃，从王畾省，魯回切。別作蓓蕾非。」

祺謹按：《說文・玉部》：「琲，珠五百枚也，从玉非聲，普乃切。」〔註85〕又同部「瓃，玉器也，从王，畾聲。」〔註86〕《集韻・上聲・十四賄》：「蓓，蓓蕾，始華也。部浼切。」〔註87〕、《集韻・上聲・十四賄》：「蕾，蓓蕾，始華也，魯猥切。」〔註88〕

據以上，蓓蕾雖皆作「始華也」，但「蓓蕾」二字不見於《說文》，而「琲瓃」《說文》可見，所以「琲瓃」先有，「蓓蕾」晚出。

二十六、「羉絓　羉絓。羉，网也，又縮也，从网羉，古呋切；絓，繭縡頭也。从糸圭，胡卦切。別作罥罣非。」

〔註82〕〔東漢〕許慎撰：〔宋〕徐鉉校定：《說文解字》，頁183。
〔註83〕〔東漢〕許慎撰：〔清〕段玉裁注：《說文解字》，頁426。
〔註84〕〔唐〕釋慧琳撰：《一切經音義》（中華電子佛典協會，2001年4月29日電子版），頁1005。
〔註85〕〔東漢〕許慎撰：〔宋〕徐鉉校定：《說文解字》，頁14。
〔註86〕〔東漢〕許慎撰：〔宋〕徐鉉校定：《說文解字》，頁11。
〔註87〕〔宋〕丁度等著：《集韻》（上海：上海古籍出版社，1985年5月），頁347。
〔註88〕〔宋〕丁度等著：《集韻》，頁349。

祺謹按：《說文‧网部》：「羅，网也。从网羉。羉亦聲。一曰縮也。」
〔註89〕段玉裁注曰：「會意。糸部曰：『繯、落也。』落者、今之包絡字。羉网
主於圍繞。故从繯。古眩切，十四部。俗作罥，此別一義。」〔註90〕據此，羉
絭均見於《說文》，而「罥」爲俗字，「罫」不見於《說文》，故「罥罫」爲後起
字，「羉絭」早出爲正字。

　　二十七、「𠕁𡩋　丁寧，願詞也。丁，从入丨，當經切。寧，从丂𡨺，
　　　　　　奴丁切。別作叮嚀非。」

祺謹按：元人周伯琦《六書正譌》：「寧，願詞也。从𡨺丁聲。又丁寧，
囑詞，俗作叮嚀，並非。」〔註91〕又符定一《聯綿字典》說：

> 《說文》無叮嚀字，《晉語》、《漢書‧谷永傳》、《蜀志‧諸葛亮傳》
> 等書均祇用丁寧字。《玉篇‧口部》有叮嚀、《廣韻》、《類篇》、《集
> 韵》延而錄之，俗字也。《集韻‧十五青》叮嚀通作丁寧。已探其源，
> 猶不知古祇作丁寧，而不作叮嚀也。〔註92〕

據上知「叮嚀」最早見於《玉篇》，《說文》有「丁寧」，亦常見於史書中，當
爲正字，較晚出「叮嚀」爲佳。

　　二十八、「𡳿𠅞　屯𠅞，難行不進皃。屯，象屮初生，屯然而難引，株
　　　　　　倫切。𠅞，从亯且，張連切。別作迍邅非。」

祺謹按：《說文‧屮部》：「屯，難也。屯《韵會》有，象屮木之初生，
屯然而難，从屮貫一屈曲之也。」〔註93〕又《說文‧亯部》：「𠅞，多穀也，
从亯，且聲。」〔註94〕；《集韻‧平聲‧二仙》：「邅，張連切。屯邅，難行
不進皃，或作𠅞，亦从彳。」〔註95〕《廣韻‧平聲‧十八諄》：「迍，迍邅本
亦作屯。《易》曰：『屯如邅如。』陟綸切。」〔註96〕據以上，屯𠅞、迍邅雖
皆有「難行不進皃」之義，但「迍邅」不見於《說文》，是晚出字。

〔註89〕〔東漢〕許慎撰；〔清〕段玉裁注：《說文解字》，頁358。

〔註90〕同上注。

〔註91〕〔元〕周伯琦《六書正譌》，《景印文淵閣四庫全書》冊228〔臺北：臺灣商務
　　　　印書館，民國75年7月〕，頁127。

〔註92〕符定一著：《聯綿字典》，頁622。

〔註93〕〔東漢〕許慎撰；〔宋〕徐鉉校定：《說文解字》，頁15。

〔註94〕〔東漢〕許慎撰；〔宋〕徐鉉校定：《說文解字》，頁111。

〔註95〕〔宋〕丁度等著：《集韻》，頁166。

〔註96〕〔宋〕陳彭年等著：《新校宋本廣韻》，頁107。

二十九、「讄哎　讄哎，多言也。讄，从言畾，之涉切，又而涉切。哎，
　　　　从口投省，汝俱切，又當疾切。別作囁嚅非。」

祺謹按：《說文‧言部》：「讄，多言也，从言，畾聲。河東有狐讄縣。」
〔註97〕《說文‧口部》：「哎，讄哎，多言也，从口，殳聲。」〔註98〕《玉篇‧
口部》：「囁，又而涉切，讄哎，多言也。」〔註99〕《玉篇‧口部》：「嚅，汝
俱切，《埤蒼》云：讄嚅，多言也。」〔註100〕據以上，讄哎、囁嚅雖皆有「多
言也」之意，但「囁嚅」不見於《說文》，是晚出字。

三十、「輚迹　輚迹。輚，車迹也，从車從省，即容切。迹，步處也，从
　　　　辵亦，資昔切。別作蹤跡非。」

祺謹按：《說文‧車部》：「輚：車迹也。从車、從省。」〔註101〕《說文‧
辵部》：「迹，步處也，从辵，亦聲。」〔註102〕《玉篇‧足部七十六》：「蹤，
子龍切，蹤跡也。」〔註103〕《玉篇‧足部七十六》：「跡，蹤跡也。」〔註104〕
據以上，「輚迹」為正，而「蹤跡」不見於《說文》，是晚出字。

三十一、「儋何　儋何，即負何也。儋，从人詹，都甘切。何，从人可，
　　　　　胡我切。別作擔荷非。」

祺謹按：《說文‧人部》：『何，儋也，从人可聲，徐鉉等曰：『儋何即負
何也，借為何誰之何，今俗別作擔荷非是。』』〔註105〕張有此依徐鉉之說，視
「擔荷」為非。

三十二、「髫齠　髫齠。髫，小兒垂結也，从髟召，徒聊切。齠，毀齒
　　　　　也，从齒七，初僅切。別作齠齠非。」

祺謹按：《說文‧髟部》：「髫，小兒垂結也，从髟召聲，徒聊切。」又《說
文‧齒部》：「齠，毀齒也。男八月生齒。八歲而齠。女七月生齒。七歲而齠。
从齒七。」《集韻‧平聲‧三蕭》：「齠，毀齒也。」〔註106〕據上可知，「齠」

〔註97〕〔東漢〕許慎撰；〔宋〕徐鉉校定：《說文解字》，頁56。
〔註98〕〔東漢〕許慎撰；〔宋〕徐鉉校定：《說文解字》，頁33。
〔註99〕〔梁〕顧野王撰：《玉篇》，《中華漢語工具書書庫》冊1，頁166。
〔註100〕〔梁〕顧野王撰：《玉篇》，《中華漢語工具書書庫》冊1，頁167。
〔註101〕〔東漢〕許慎撰；〔宋〕徐鉉校定：《說文解字》，頁302。
〔註102〕〔東漢〕許慎撰；〔宋〕徐鉉校定：《說文解字》，頁39。
〔註103〕〔梁〕顧野王撰：《玉篇》，《中華漢語工具書書庫》冊1，頁176。
〔註104〕同上注。
〔註105〕〔東漢〕許慎撰；〔宋〕徐鉉校定：《說文解字》，頁163。
〔註106〕〔宋〕丁度等著：《集韻》，頁174。

無「小兒垂結」義，亦不見於《說文》。故張有視「髻亂」為正，「韶亂」為非。

三十三、「䋶繦　襁緥。襁，負兒衣，从衣強，居兩切；緥，小兒衣也，从糸保，博抱切。別作繦褓非。繦雖同音，牾類也。」

祺謹按：《說文‧衣部》：「襁，負兒衣，从衣強聲。」〔註107〕《說文‧糸部》：「緥，小兒衣也，从糸，保聲。」〔註108〕段玉裁注云：「按古繦緥字从糸不从衣，淺人不得其解，而增襁篆於此。叚令許有此字，當與禖篆為類矣。當刪。」〔註109〕據上，當兩聯緜字《說文》皆收時，張有以「義」判斷作「繦褓」為非。不過，若段氏所云為是，則張有之說或疑。

三十四、「千秌　千秌。案：詞人高無際作〈鞦韆賦序〉云：漢武帝後庭之戲也。本云千秋，祝壽之詞也。語譌轉為鞦韆，後人不本其意，乃造此二字，非皮革所為、非車馬之用，不合从革。千，从十从人，此先切；秌，从禾龜省，七由切。」

祺謹按：《說文‧禾部》：「秌，禾穀孰也。从禾，龜省聲。七由切。」〔註110〕《說文‧十部》：「千，十百也。从十人聲。此先切，十二部。」〔註111〕今考「鞦」、「韆」最早收於《玉篇》、《龍龕手鑑》，而不見於《說文》。據上可知「千秌」早有，「鞦韆」晚出。

三十五、「空矦　空矦，樂器也。案：吳兢《古樂府解題》云：『漢武帝滅南越，祠太一后土，令樂人矦暉依琴造坎言，坎坎節應也。矦，工人之姓。後語譌以「坎」為「空」。或說師延作空國之矦所好，故謂之空矦。別作箜篌非。』空，从穴工，苦紅切；矦，从人厂，象布矢於其下，乎溝切。」

祺謹按：《說文‧穴部》：「空，竅也，从穴，工聲。」〔註112〕又《說文‧矢部》：「矦，春饗所躲矦也，从人，从厂，象張布，矢在其下。……乎溝切。」〔註113〕而「箜篌」不見於《說文》，符定一《聯綿字典》也說：「《史記‧封

〔註107〕〔東漢〕許慎撰；〔宋〕徐鉉校定：《說文解字》，頁170。
〔註108〕〔東漢〕許慎撰；〔宋〕徐鉉校定：《說文解字》，頁275。
〔註109〕〔東漢〕許慎撰；〔清〕段玉裁注：《說文解字》，頁394。
〔註110〕〔東漢〕許慎撰；〔宋〕徐鉉校定：《說文解字》，頁146。
〔註111〕〔東漢〕許慎撰；〔宋〕徐鉉校定：《說文解字》，頁50。
〔註112〕〔東漢〕許慎撰；〔宋〕徐鉉校定：《說文解字》，頁152。
〔註113〕〔東漢〕許慎撰；〔宋〕徐鉉校定：《說文解字》，頁110。

禪書》作『空侯』。」〔註114〕不過《史記》中也有作「箜篌」，見《史記·武帝本紀》：『益召歌兒，作二十五弦及箜篌瑟自此起。』」〔註115〕據此，「空矦」、「箜篌」均見於《史記》，張有言「箜篌」爲非，應是以《說文》爲標準而言。

三十六、「⿱⿰㡀㡀⿰⿱㡀㡀 虖虧，古帝号。虖，虎皃，从虍必，房六切；虧，气損也，从于䖅，虛宜切。別作伏犧非。虧或用義同。」

祺謹按：《說文·虍部》：「虖，虎皃，从虍，必聲。」〔註116〕《說文·亏部》：「虧，气損也，从亏，䖅聲，去爲切。」〔註117〕段玉裁注：「古伏義字作虖。」〔註118〕《說文·人部》：「伏，司也，从人，从犬。臣鉉等曰：『司，今人作伺，房六切。』」〔註119〕《說文·牛部》：「犧，宗廟之牲也，从牛義聲。賈侍中說此非古字，許羈切。」〔註120〕據以上，「虖虧」、「伏犧」均見於《說文》，但如段氏所言，古「伏」作「虖」，而徐鉉本《說文》引賈侍中說「犧」非古字，所以張有可能欲取「古字」，而言作「伏犧」爲非。

三十七、「⿱⿰⿰⿰昆侖 昆侖，山名。昆，从日比，古渾切；侖，从亼冊，力屯切。別用崑崙非。」

祺謹按：《說文·日部》：「昆，同也，从日，从比。」〔註121〕《說文·亼部》：「侖，思也，从亼冊。」〔註122〕《說文·山部》：「崑，崑崙，山名，从山昆聲。《漢書》，崑崙也，从山。揚雄《文通》用昆侖，古渾切。」〔註123〕《說文·山部》：「崙，崑崙也，从山侖聲，盧昆切。」〔註124〕據此，昆侖、崑崙皆有「山」之義，且《說文》「崑崙」直釋爲山名，似比昆侖更貼近「山名」，不知張有此處取字標準爲何，存疑。

〔註114〕符定一著：《聯綿字典》，頁3116。
〔註115〕〔漢〕司馬遷撰；〔南朝宋〕裴駰集解：唐司馬貞索隱、張守節正義：《史記》，頁405。
〔註116〕〔東漢〕許慎撰；〔宋〕徐鉉校定：《說文解字》，頁103。
〔註117〕〔東漢〕許慎撰；〔宋〕徐鉉校定：《說文解字》，頁101。
〔註118〕〔東漢〕許慎撰；〔清〕段玉裁注：《說文解字》，頁211。
〔註119〕〔東漢〕許慎撰；〔宋〕徐鉉校定：《說文解字》，頁167。
〔註120〕〔東漢〕許慎撰；〔宋〕徐鉉校定：《說文解字》，頁30。
〔註121〕〔東漢〕許慎撰；〔宋〕徐鉉校定：《說文解字》，頁139。
〔註122〕〔東漢〕許慎撰；〔宋〕徐鉉校定：《說文解字》，頁108。
〔註123〕〔東漢〕許慎撰；〔宋〕徐鉉校定：《說文解字》，頁191。
〔註124〕同上注。

三十八、「⿰目宀宿 目宿，艸名，《漢書》：『罽賓國多目宿苑，馬所嗜』。
　　　　目，眼也，莫六切。宿，止也，从宀佋，息逐切。別作苜蓿非。』」

祺謹按：《說文·目部》：「目，人眼也。象形。重、童子也。」〔註125〕
《說文·宀部》：「宿，止也。从宀，佋聲。佋、古文夙。」〔註126〕據查「苜
蓿」二字，《說文》未收，故張有定「目宿」爲正，並引《漢書》爲證，不需
加艸字頭，也可表艸名之義。

三十九、「⿸疒矢⿳亠厶系 族㷪，小腫病，一曰瘞也。族，从㫃矢，昨木切。㷪，
　　　　从厽系，力軌切。別作瘯蠡非。」

祺謹按：符定一說：「《左傳·桓公六年》，謂其不疾，瘯蠡也。注：『皮
毛無疥癬，…釋文疾，七木反，本又作蔟同蠡，力果反』。《說文》作「瘰」
云：『瘯瘰，皮肥也。』定一謂：『瘯瘰僞字，族㷪正字』。」〔註127〕符氏之說
可信，且「瘯蠡」《說文》未收，是後出字。

四十、「⿰車渠 車渠，尔雅：大貝如車渠，即魟屬也。車，尺遮切。渠，
　　　　強魚切。別作硨磲非。」

祺謹按：《說文·車部》：「車，輿輪之總名,夏后時奚仲所造。象形。凡
車之屬皆从車。」〔註128〕《說文·水部》：「渠，水所居也，从水，𤂞聲。」
〔註129〕《廣韻·平聲·魚韻》：「磲，硨磲，美石次玉。」〔註130〕《廣韻·
平聲·麻韻》：「硨，硨磲。」〔註131〕據以上，「車渠」是本形之義，而「硨
磲」是引申之義，且不見於《說文》，爲後出字。

四十一、「⿰流離 流離，珠也。流，从㐬，或从水，力求切。離，从隹
　　　　离，吕支切。別作琉璃非。」

祺謹按：《說文·水部》：「流，篆文从水㐬，突忽也。」〔註132〕《說文·
隹部》：「離，」〔註133〕《玉篇·玉部》：「琉，音留，《說文》云：石之有光

〔註125〕〔東漢〕許慎撰；〔宋〕徐鉉校定：《說文解字》，頁70。
〔註126〕〔東漢〕許慎撰；〔宋〕徐鉉校定：《說文解字》，頁151。
〔註127〕符定一著：《聯綿字典》，頁1968。
〔註128〕〔東漢〕許慎撰；〔宋〕徐鉉校定：《說文解字》，頁301。
〔註129〕〔東漢〕許慎撰；〔宋〕徐鉉校定：《說文解字》，頁232。
〔註130〕〔宋〕陳彭年等著：《新校宋本廣韻》，頁67。
〔註131〕〔宋〕陳彭年等著：《新校宋本廣韻》，頁165。
〔註132〕〔東漢〕許慎撰；〔宋〕徐鉉校定：《說文解字》，頁239。
〔註133〕〔東漢〕許慎撰；〔宋〕徐鉉校定：《說文解字》，頁76。

璧珋也，出西湖中亦作珋。」〔註134〕《玉篇・玉部》：「璃，力支切，琉璃。」〔註135〕又《漢書・地理志下十二》：「與應募者俱入海市，明珠璧流離，奇石異物。」〔註136〕據《漢書・地理志下十二》可知「流離」為「火齊珠」之意，所以作「流離」為正，而不見於《說文》的「琉璃」為俗，故張有之說可參。

四十二、「餘皇　餘皇，舟名。餘，从食余，以諸切。皇，从自王，胡光切。別作艅艎非。」

祺謹按：《說文・食部》：「餘，饒也，从食余聲。」〔註137〕《說文・王部》：「皇，大也，从自。自，始也。……胡光切。」〔註138〕《左傳昭十七年》：「吳師獲其乘舟餘皇。注：『餘皇，舟名。』」《玉篇・舟部》：「艎，音皇，吳舟名。」〔註139〕《玉篇・舟部》：「艅，弋諸切，艅艎，船名。」〔註140〕據上知「餘皇」見於《說文》，「艅艎」則無，且《左傳》作「餘皇」。據此，可知「餘皇」早有，「艅艎」為後起字。

四十三、「薏苢　薏苢，艸名。薏，从艸意，於力切。苢，从艸吕，羊止切。別作薏苡，音意以非。」

祺謹按：《玉篇・艸部》：「薏，乙吏切，薏苡，又蓮的中，又音億。」〔註141〕《玉篇・艸部》：「苢，同上。（上字是苡）」〔註142〕《玉篇・艸部》：「薏，同上。（上字是薏）」〔註143〕《玉篇・艸部》：「苡，余止切，茮苡。」〔註144〕「薏苢」、「薏苡」可通，且皆不見于《說文》，故不知張有取「薏苢」標準為何，疑誤。

四十四、「枇杷　枇杷，木也。枇从木比，房脂切。杷，从木巴，蒲巴切。一曰胡樂。胡人馬上所鼓，別作琵琶非。」

〔註134〕〔梁〕顧野王撰：《玉篇》，《中華漢語工具書書庫》冊1，頁142。
〔註135〕同上注。
〔註136〕〔漢〕班固撰：《漢書》，《景印文淵閣四庫全書》冊249，頁781～782。
〔註137〕〔東漢〕許慎撰；〔宋〕徐鉉校定：《說文解字》，頁108。
〔註138〕〔東漢〕許慎撰；〔宋〕徐鉉校定：《說文解字》，頁10。
〔註139〕〔梁〕顧野王撰：《玉篇》，《中華漢語工具書書庫》冊1，頁240。
〔註140〕同上注。
〔註141〕〔梁〕顧野王撰：《玉篇》，《中華漢語工具書書庫》冊1，頁213。
〔註142〕〔梁〕顧野王撰：《玉篇》，《中華漢語工具書書庫》冊1，頁212。
〔註143〕〔梁〕顧野王撰：《玉篇》，《中華漢語工具書書庫》冊1，頁213。
〔註144〕〔梁〕顧野王撰：《玉篇》，《中華漢語工具書書庫》冊1，頁212。

祺謹按：《說文・木部》：「枇，枇杷木也，從木比聲。」〔註145〕《說文・木部》：「杷，收麥器，從木。巴聲。」〔註146〕《說文・珡部》：「琵，琵琶，樂器。从珡比聲，房脂切。」〔註147〕《說文・珡部》：「琶，琵琶也。从珡巴聲。義當用枇杷。備巴切。」〔註148〕據上，張有釋枇杷爲木也，乃據《說文》爲是，然其「一曰胡樂」，以爲作「琵琶」爲非。《說文》中，琵琶二字皆指胡人樂器，而木部的枇杷無此義，但張有卻言「枇杷」爲正、「琵琶」爲非，不知標準爲何，存疑。

四十五、「𧏛𧌑　蚚蜢，艸上蟲也，一曰船名。蚚，从虫毛，陟格切。蜢，从虫孟，莫杏切。別作舴艋非。」

祺謹按：《說文・虫部》：「蚚，蚚蜢，艸上蟲也，从虫，毛聲，陟格切。」〔註149〕《說文・虫部》：「蜢，蚚蜢也，从虫，孟聲。莫杏切。」〔註150〕《玉篇・舟部》：「舴，陟格也，舴艋，小舟也。」〔註151〕《玉篇・舟部》：「艋，莫梗切。上注。」〔註152〕據上，張有據《說文》釋「蚚蜢」爲草上蟲。然其「一曰船名」，以爲作「舴艋」爲非，則待商榷，因爲《玉篇》「舴艋」二字皆指小舟，而「蚚蜢」無此義，若僅以「蚚蜢」見於《說文》，而「舴艋」未見於《說文》而否定，則過於武斷。

四十六、「𧮫𧮰　詹諸，𡴆黿也，其鳴詹諸。詹，从言八厃，職廉切。諸，从言者，章魚切。別作蟾蜍非。」

祺謹按：《說文・八部》：「詹，多言也。从厃，从言从八。」〔註153〕《說文・言部》：「諸，辯也，从言，者聲。」〔註154〕《玉篇・虫部》：「蜍，与諸切。蟾蜍。」〔註155〕《玉篇・虫部》：「蟾，之廉切。蟾蜍。」〔註156〕據上可

〔註145〕〔東漢〕許慎撰；〔宋〕徐鉉校定：《說文解字》，頁116。

〔註146〕〔東漢〕許慎撰；〔宋〕徐鉉校定：《說文解字》，頁112。

〔註147〕〔東漢〕許慎撰；〔宋〕徐鉉校定：《說文解字》，頁267。

〔註148〕同上注。

〔註149〕〔東漢〕許慎撰；〔宋〕徐鉉校定：《說文解字》，頁283。

〔註150〕同上注。

〔註151〕〔梁〕顧野王撰：《玉篇》，《中華漢語工具書書庫》冊1，頁240。

〔註152〕同上注。

〔註153〕〔東漢〕許慎撰；〔宋〕徐鉉校定：《說文解字》，頁28。

〔註154〕〔東漢〕許慎撰；〔宋〕徐鉉校定：《說文解字》，頁51。

〔註155〕〔梁〕顧野王撰：《玉篇》，《中華漢語工具書書庫》冊1，頁279。

〔註156〕〔梁〕顧野王撰：《玉篇》，《中華漢語工具書書庫》冊1，頁279。

知，詹諸乃𪓚鼀，狀其叫聲而得名。「蟾蜍」雖亦指此生物，但因「蟾蜍」二字不見於《說文》，故應爲後起字。

四十七、「𧒒𧊧　蟹蝥，毒蟲也。蟹，從虫般，布還切。蝥，從虫敄，莫交切。別用班猫非。」

祺謹按：《說文・虫部》：「蟹，蟹蝥，毒蟲也，從虫般聲，布還切。」〔註157〕《說文・虫部》：「蝥，蟹蝥也，從虫敄聲，徐鉉等曰：『今俗作蝱非是。蝱即蠿。蝱，蜘蛛之別名也，莫交切。』」〔註158〕《說文・玨部》：「班，分瑞玉，從玨刀。」〔註159〕《玉篇・犬部》：「猫，眉驕切，夏田也。食鼠也，或作貓。」〔註160〕「蟹蝥」二字不但皆見於《說文》，也都表「毒蟲」之意，而「猫」字不見於《說文》。是故，蟹蝥先有，而「班猫」後用。

四十八、「𦎙𠆥　即令，雒鷄也。即，從皀卩，子席切；令，從亼卩，力丁切。別作鶺鴒非。」

祺謹按：《說文・皀部》：「即，即食也。從皀。卩聲。」〔註161〕《說文・卩部》：「令，發號也，從亼卩。」〔註162〕《玉篇・鳥部》：「鶺，子席切，鶺鴒雒鷄。」〔註163〕《玉篇・鳥部》：「䳊，同上。」（上爲鶺）〔註164〕《玉篇・鳥部》：「鴒，力丁切，鶺鴒。」〔註165〕據「鶺鴒」不見於《說文》，「即令」先有見於《說文》，而「鶺鴒」後起不見於《說文》。

四十九、「𡩡居　卑居，楚鳥也，一曰鸒，秦曰雅。卑，從丆甲，音匹。居，從尸古，九魚切。別作鵯鶋並非。」

祺謹按：《說文・隹部》：「雅，楚烏也。一名鸒。一名卑居。秦謂之雅。」〔註166〕段玉裁注云：「楚烏、烏屬。其名楚烏。非荆楚之楚也。烏部曰：『鸒、卑居也。』即此物也。酈善長曰：『按《小爾雅》，純黑返哺謂之慈烏；小而

〔註157〕〔東漢〕許慎撰；〔宋〕徐鉉校定：《說文解字》，頁187。
〔註158〕〔東漢〕許慎撰；〔宋〕徐鉉校定：《說文解字》，頁280。
〔註159〕〔東漢〕許慎撰；〔宋〕徐鉉校定：《說文解字》，頁14。
〔註160〕〔梁〕顧野王撰：《玉篇》，《中華漢語工具書書庫》冊1，頁268。
〔註161〕〔東漢〕許慎撰；〔宋〕徐鉉校定：《說文解字》，頁106。
〔註162〕〔東漢〕許慎撰；〔宋〕徐鉉校定：《說文解字》，頁187。
〔註163〕〔梁〕顧野王撰：《玉篇》，《中華漢語工具書書庫》冊1，頁272。
〔註164〕〔梁〕顧野王撰：《玉篇》，《中華漢語工具書書庫》冊1，頁272。
〔註165〕〔梁〕顧野王撰：《玉篇》，《中華漢語工具書書庫》冊1，頁272。
〔註166〕〔東漢〕許慎撰；〔清〕段玉裁注：《說文解字》，頁142。

腹下白、不返哺者謂之雅烏。』《爾雅》曰：『鸒斯、卑居也』……。卑俗作鵯、音匹。非也。」〔註167〕據段氏之說，《爾雅》、《莊子》、《史記》等書可證「卑居」早有爲正，而不見於《說文》的「鵯鶋」爲後起字。

五十、「𧅡鶒　谿鶒，水鳥也。谿，从谷奚，苦子切。鶒，从鳥式，恥力切。別作鸂鷘非。」

祺謹按：《廣韻・上平聲・十二齊》：「谿，《爾雅》曰：『水注穿曰谿。苦奚切。』」〔註168〕《廣韻・上平聲・十二齊》：「鸂，鸂鷘，水鳥。」〔註169〕《廣韻・入聲・二十四職》：「鶒，鸂鶒。」〔註170〕《廣韻・入聲・二十四職》：「鷘，上同。」〔註171〕據《廣韻》可知「谿鶒」、「鸂鷘」義同，但「鸂鷘」不見於《說文》，爲後起字，「谿鶒」早有。

五十一、「蜽蝄　蜽蝄，山川之精物也。淮南王說：狀如三歲小兒，赤黑色，赤目長耳，美髮。蜽，从虫网，文兩切。蝄，从虫兩，良獎切，別作魍魎非。」

祺謹按：《說文・虫部》：「蜽，蜽蝄。山川之精物也。淮南王說：『蜽蝄，狀如三歲小兒。赤黑色、赤目、長耳、美髮。』《國語》曰：『木石之怪夔、蜽蝄，从虫，网聲。』」〔註172〕；又《說文・虫部》：「蝄，蜽蝄也。从虫兩聲。」〔註173〕；慧琳《一切經音義・二十六》：「魍魎，《說文》作蜽蝄同，《通俗文》云：木石之精恠也。淮南王說：狀如三歲小兒，赤黑色，赤目赤爪，長耳美髮，溺夗鬼也。」〔註174〕據上可知，《說文》及《一切經音義》將「蜽蝄」通「魍魎」，但「魍魎」不見於《說文》，爲後起字，「蜽蝄」早出。

五十二、「夗蟺　夗蟺，龍兒。夗，从夕卪，於阮切，又於元切；蟺，从虫亶，常演，又以然切。別作蜿蜒非。」

祺謹按：《說文・虫部》：「蟺，夗蟺也，从虫，亶聲。」〔註175〕段玉裁

〔註167〕〔東漢〕許慎撰；〔清〕段玉裁注：《說文解字》，頁142。
〔註168〕〔宋〕陳彭年等著：《新校宋本廣韻》，頁91。
〔註169〕〔宋〕陳彭年等著：《新校宋本廣韻》，頁91。
〔註170〕〔宋〕陳彭年等著：《新校宋本廣韻》，頁525。
〔註171〕〔宋〕陳彭年等著：《新校宋本廣韻》，頁525。
〔註172〕〔東漢〕許慎撰；〔宋〕徐鉉校定：《說文解字》，頁282。
〔註173〕〔東漢〕許慎撰；〔宋〕徐鉉校定：《說文解字》，頁282。
〔註174〕〔唐〕釋慧琳撰：《一切經音義》（中華電子佛典協會，2001年4月29日電子版），頁77。
〔註175〕〔東漢〕許慎撰；〔清〕段玉裁注：《說文解字》，頁678。

注云：「夗、轉臥也，引申爲凡宛曲之稱。夗蟺疊韵。蓋謂凡蟲之冤曲之狀。篇韵皆云：『蜿蟺、蚯蚓也。』雖蚓有此名、而非許意，上文蜎善曲之物也。故承之以蟺。」〔註176〕《集韻・二僊》：「……蜒一曰蜿蜒，龍兒。」〔註177〕據上可知，「蜿蜒」不見於《說文》，爲後起字，「夗蟺」早出。

五十三、「<ruby>解廌</ruby> 解廌，獸也，似山牛一角。古者決訟，令觸不直，象形。解，佳買切。廌，宅買切。別作獬豸非。」

祺謹按：見《說文・廌部》：「解廌獸也。似山牛，一角，古者決訟、令觸不直。象形，从豸省。凡廌之屬皆从廌。」〔註178〕段玉裁注：「……陸作獬豸。陸謂陸法言《切韵》也。廌與解疊韵。與豸同音通用。廌能止不直。故古訓爲解……。」〔註179〕據段玉裁之說，「解廌」、「獬豸」雖有聲音關係，但「廌」較「獬」表意更爲精準，且「豸」是方言文，所以當從古用「解廌」，張有此說爲是。

五十四、「<ruby>橐佗</ruby> 橐佗。案：《史記》匈奴奇畜也。橐，从㯻省石，他各切：佗，从人它，徒何切。今作駱駝非。」

祺謹按：《漢書・常惠傳》：「得馬、牛、驢、騾、橐佗五萬餘匹。」〔註180〕《後漢書・西域傳・蒲類國》：「有牛馬駱駝羊畜。」〔註181〕《集解》王先謙曰：「駱當作橐。」〔註182〕雖「橐佗」、「駱駝」均見於《說文》，但依史書看來，仍依作「橐佗」爲常見。

五十五、「<ruby>奰眉</ruby> 奰眉，壯也，一曰雌奰。奰，壯大也。从三大三目，平祕切。眉，从尸自，盧器切，又許介切，臥息也。別作贔屭非。」

祺謹按：《廣韻・去聲・六至》：「奰，怒也，又曰迫也。」〔註183〕《廣

〔註176〕〔東漢〕許慎撰：〔清〕段玉裁注：《說文解字》，頁678。
〔註177〕〔宋〕丁度等著：《集韻》，頁167。
〔註178〕〔東漢〕許慎撰：〔宋〕徐鉉校定：《說文解字》，頁202。
〔註179〕〔東漢〕許慎撰：〔清〕段玉裁注：《說文解字》，頁474。
〔註180〕〔漢〕班固撰：《漢書》，《景印文淵閣四庫全書》冊250，頁568。
〔註181〕〔南朝宋〕范曄撰：《後漢書》，《景印文淵閣四庫全書》冊253（臺北：臺灣商務印書館，民國75年7月），頁697。
〔註182〕〔清〕王先謙撰：《後漢書集解》，《續修四庫全書》冊273（上海：上海古籍出版社，2002年），頁5445。
〔註183〕〔宋〕陳彭年等著：《新校宋本廣韻》，頁351。

韻・去聲・十六怪》：「眉，臥息。」〔註 184〕《集韻・去聲・六至》：「贔屭，
鼇也，一曰雌鼇爲贔。」〔註 185〕據上，「贔屭」不見於《說文》，但「顨眉」
皆見於《說文》，所以「顨眉」先出，「贔屭」後有，爲後起字。

五十六、「𧄹𧄹　蘆萉，似蕪菁實，如小尗，根似薺者。蘆，从艸盧，
　　　　洛乎切。萉，从艸服，蒲北切。別作蘿蔔非。本艸，或作萊菔。」

祺謹按：《說文・艸部》：「蘆，蘆萉也。一曰薺根。从艸。盧聲。」〔註 186〕
《說文・艸部》：「萉，蘆萉。侣蕪菁。實如小尗者。从艸。服聲。」〔註 187〕《說
文・艸部》：「。」〔註 188〕《玉篇・艸部》：「蔔，傍北切。蘆蔔。」〔註 189〕據
上，「蘆萉」皆出自《說文》，蘿雖見於《說文》，但蔔未見，故「蘆萉」先有，
「蘿蔔」後出。

五十七、「𢹁𢹂　𢮨𢮎，𢮨不能行，爲人所引也。𢮨，从尢爪是，都兮
　　　　切。𢮎，从爪尢嶲，戶圭切。今俗用提攜二字。」

祺謹按：《說文・尢部》：「𢮨，𢮨不能行，爲人所引曰𢮨𢮎，从尢，从
爪，是聲。」〔註 190〕又《說文・尢部》：「𢮎，𢮨𢮎也，从尢，从爪，嶲聲。」
〔註 191〕《說文・手部》：「提，提也，从手，嶲聲。」〔註 192〕《說文・手部》：
「挈，挈也，从手。是聲。」〔註 193〕據以上可知「𢮨𢮎」是「不能行」，提
攜則無，也許皆見於《說文》，故張有只稱作俗，而未言非否定。

五十八、「加沙　加沙。梵云：加沙，此言不正色。加，从力口，古牙
　　　　切。沙，从水少，所加切。葛洪《字苑》別作裟非。」

祺謹按：《說文・力部》：「加，語相譜加也，从力口。」〔註 194〕《說文・
水部》：「沙，水散石也。从水少。水少沙見。楚東有沙水。」〔註 195〕《玉

〔註 184〕〔宋〕陳彭年等著：《新校宋本廣韻》，頁 385。
〔註 185〕〔宋〕丁度等著：《集韻》，頁 482。
〔註 186〕〔東漢〕許慎撰；〔宋〕徐鉉校定：《說文解字》，頁 16。
〔註 187〕〔東漢〕許慎撰；〔宋〕徐鉉校定：《說文解字》，頁 16。
〔註 188〕〔東漢〕許慎撰；〔宋〕徐鉉校定：《說文解字》，頁 20。
〔註 189〕〔梁〕顧野王撰：《玉篇》，《中華漢語工具書書庫》冊 1，頁 217。
〔註 190〕〔東漢〕許慎撰；〔宋〕徐鉉校定：《說文解字》，頁 214。
〔註 191〕〔東漢〕許慎撰；〔宋〕徐鉉校定：《說文解字》，頁 214。
〔註 192〕〔東漢〕許慎撰；〔宋〕徐鉉校定：《說文解字》，頁 252。
〔註 193〕〔東漢〕許慎撰；〔宋〕徐鉉校定：《說文解字》，頁 251。
〔註 194〕〔東漢〕許慎撰；〔宋〕徐鉉校定：《說文解字》，頁 292。
〔註 195〕〔東漢〕許慎撰；〔宋〕徐鉉校定：《說文解字》，頁 232。

篇‧衣部》：「裟，所加切。亦作㲚毿。」〔註196〕《玉篇‧衣部》：「㲚毿，古牙切，毿㲚，胡衣也。」〔註197〕雖是梵語，仍需以正字爲譯，「裟㲚」不見於《說文》，故言「加沙」爲正，「裟㲚」爲非。

綜合以上，可知張有聯緜字之「正字」，必須是出自《說文》，若是晚出而不見於《說文》之字，或是與聯緜字字義有明顯出入，則否決爲「非」。此用心與全書一以貫之的「復《說文》之古」是相同的。

肆、字音解析

今翻查宋本《廣韻》，爲五十八組聯緜字標上音切、聲紐與韻部，探尋張有聯綿正字之間、別字之間的聲音關係，以及正、別字組間的音韻關係，以明五十八組聯緜字例的聲音運用，藉此釐清張有對於聯緜字音項標準爲何。謹以表列如下：

張有《復古編》中「聯緜字」中古音韻表

N		中古音〔註198〕							每一組聯緜字 二字音韻關係	正字與 別字音 韻關係
		前 字			後 字					
		頁碼	反切	聲類	韻類	頁碼	反切	聲類	韻類		
01	劈歷	520	普擊	滂	錫	520	郎擊	來	錫	疊韻（同爲錫韻）	同音
	霹靂	520	普擊	滂	錫	520	郎擊	來	錫	疊韻（同爲錫韻）	
02	滂沛	182	普郎	滂	唐	381	普蓋	滂	泰	同類雙聲（滂母）	同音
	霶霈	182	普郎	滂	唐	381	普蓋	滂	泰	同類雙聲（滂母）	
03	廖霩	145	落蕭	來	蕭	509	虛郭	曉	鐸	無	疊韻
	寥廓	145	落蕭	來	蕭	509	苦郭	溪	鐸	無	
04	壹壺	468	於悉	影	質	110	於云	影	文	同類雙聲（影母）	疊韻
	氤氳	101	於眞	影	眞	110	於云	影	文	同類雙聲（影母）	
	絪緼	101	於眞	影	眞	110	於云	影	文	同類雙聲（影母）	
05	消搖	146	相邀	心	宵	148	餘昭	喻	宵	疊韵（同爲宵韻）	同音
	逍遙	146	相邀	心	宵	148	餘昭	喻	宵	疊韵（同爲宵韻）	

〔註196〕〔梁〕顧野王撰：《玉篇》，《中華漢語工具書書庫》冊1，頁292。
〔註197〕同上注。
〔註198〕此處係以宋本《廣韻》四十一聲類、二百零六韻爲依據。

06	裴回	098	薄回	並	咍	096	戶恢	匣	灰	韻近（同爲蟹攝）	同音
	俳徊	098	薄回	並	咍	096	戶恢	匣	灰	韻近（同爲蟹攝）	
07	豈弟	255	祛狶	溪	尾	269	徒禮	定	薺	韻近（韻攝相近）	雙聲
	愷悌	273	苦亥	溪	海	269	徒禮	定	薺	韻近（同爲蟹攝）	
08	左右	419	則箇	精	箇	434	于救	爲	宥	無	同音
	佐佑	419	則箇	精	箇	434	于救	爲	宥	無	
09	瘥沱	167	初牙	初	麻	159	徒河	定	歌	疊韻（同爲歌韻）	疊韻
	蹉跎	159	七何	清	歌	159	徒河	定	歌	疊韻（同爲歌韻）	
10	躊箸	210	直由	澄	尤	070	直魚	澄	魚	同類雙聲（澄母）	同音
	躊躇	209	直由	澄	尤	070	直魚	澄	魚	同類雙聲（澄母）	
11	敧嶇	044	去奇	溪	支	077	豈俱	溪	虞	同類雙聲（溪母）	同音
	崎嶇	044	去奇	溪	支	077	豈俱	溪	虞	同類雙聲（溪母）	
12	䎱帀	玉篇	之由	照	尤	535	子荅	精	合	無	同音
	週迊	玉篇	職由	照	尤	535	子荅	精	合	無	
13	跱躇	253	直理	澄	止	168	宅加	澄	麻	同類雙聲（澄母）	雙聲
	踟躕	049	直離	澄	支	080	直誅	澄	模	同類雙聲（澄母）	
14	繽紛	104	匹賓	滂	眞	112	撫文	奉	欣	聲近同爲脣音	同音
	繽紛	104	匹賓	滂	眞	112	撫文	奉	欣	聲近同爲脣音	
15	坳垤	154	於交	影	豪	493	徒結	定	屑	無	雙聲
	凹凸	544	烏洽	影	狎	493	徒結	定	屑	無	
16	陧阢	494	五結	疑	屑	491	先結	心	屑	疊韻（同爲屑韻）	前字雙聲
	臲卼	494	五結	疑	屑	481	五呼	疑	模	同類雙聲（疑母）	
17	怳忽	313	許昉	曉	蕩	481	呼骨	曉	沒	同類雙聲（曉母）	疊韻
	恍惚	181	古黃	見	唐	481	呼骨	曉	沒	無	
18	阿郍	161	烏何	影	戈	161	諾何	泥	戈	疊韻（同爲戈韻）	疊韻
	婀娜	161	烏何	影	戈	304	奴可	泥	哿	疊韻（同爲歌韻）	
19	蹢躅	521	都歷	端	錫	462	直錄	澄	燭	同爲舌音	疊韻
	躑躅	518	直炙	澄	昔	462	直錄	澄	燭	同類雙聲（澄母）	
20	坎坷	331	苦感	溪	感	305	枯我	溪	哿	同類雙聲（溪母）	同音
	轗軻	331	苦感	溪	感	305	枯我	溪	哿	同類雙聲（溪母）	
21	玓瓅	521	都歷	端	錫	520	郎擊	來	錫	疊韻（同爲錫韻）	同音
	的皪	521	都歷	端	錫	521	郎擊	來	錫	疊韻（同爲錫韻）	

22	裵裵	094	戶乖	匣	皆	157	薄襃	並	豪	同類雙聲（匣母）	同音
	懷抱	094	戶乖	匣	皆	301	薄浩	並	皓	同類雙聲（匣母）	
23	濇洫	108	側詵	莊	臻	248	榮美	爲	旨	韻近（同爲止攝）	雙聲
	溱渭	108	側詵	莊	臻	359	于貴	爲	未	韻近（同爲止攝）	
24	顦顇	147	昨焦	從	宵	355	秦醉	從	至	同類雙聲（從母）	同音
	憔悴	147	昨焦	從	宵	355	秦醉	從	至	同類雙聲（從母）	
25	琲瓃	273	蒲罪	並	海	097	魯回	來	灰	疊韻（同爲之韻）	同音
	蓓蕾	275	薄亥	並	海	272	落猥	來	賄	疊韻（同爲之韻）	
26	羉絓	407	古縣	見	霰	383	胡卦	匣	卦	同爲淺喉音	同音
	罥罣	407	古縣	見	霰	383	胡卦	匣	卦	同爲淺喉音	
27	丁寧	194	當經	端	青	197	奴丁	泥	青	同爲端系疊韻（同爲青韻）	同音
	叮嚀	194	當經	端	青	197	奴丁	泥	青	同爲端系疊韻（同爲青韻）	
28	屯亶	107	陟綸	知	諄	283	多旱	端	旱	同類雙聲（端母）	同音
	迍邅	107	陟綸	知	諄	138	張連	知	仙	同類雙聲（端母）	
29	讘嗫	539	而涉	日	葉	215	當侯	端	幽	聲近（同爲舌音）	聲近（同爲舌音）
	囁嚅	540	而涉	日	葉	075	人朱	日	虞	同類雙聲（日母）	
30	毇迹	037	即容	精	鍾	516	資昔	精	昔	同類雙聲（精母）	同音
	蹤跡	037	即容	精	鍾	516	資昔	精	昔	同類雙聲（精母）	
31	儋何	224	都甘	端	談	161	胡歌	匣	戈	無	疊韻
	檐荷	225	余廉	喻	鹽	161	胡歌	匣	戈	無	
32	髟亂	144	徒聊	定	蕭	280	初謹	初	隱	無	疊韻
	鬠亂	集韻	丁聊	端	蕭	280	初謹	初	隱	無	
33	襁緥	311	居兩	見	養	303	博抱	幫	皓	無	同音
	緥襁	311	居兩	見	養	303	博抱	幫	皓	無	
34	千秌	132	蒼先	清	先	204	七由	清	尤	同類雙聲（清母）	同音
	鞦韆	204	七由	清	尤	137	七然	清	仙	同類雙聲（清母）	
35	空寉	027	苦紅	溪	東	212	戶鉤	匣	侯	同爲淺喉音 陰陽對轉	同音
	箜篌	027	苦紅	溪	東	212	戶鉤	匣	侯	同爲淺喉音 陰陽對轉	
36	宓虙	453	房六	奉	屋	043	去爲	溪	支	無	雙聲
	伏犧	453	房六	奉	屋	044	許羈	曉	支	無	

37	昆侖	116	古渾	見	魂	107	力迍	來	諄	韻近（同爲臻攝）	同音
	崑崙	116	古渾	見	魂	120	鈍二	來	魂	疊韻（同爲魂韻）	
38	目宿	459	莫六	明	沃	458	息逐	心	屋	韻近（同爲通攝）	同音
	苜蓿	459	莫六	明	沃	458	息逐	心	屋	韻近（同爲通攝）	
39	族絫	451	昨木	從	屋	242	力委	來	紙	無	前疊韻 後雙聲
	瘯癋	451	十木	清	屋	306	郎果	來	果	無	
40	車渠	164	尺遮	穿	麻	067	強魚	群	魚	無	同音
	硨磲	165	尺遮	穿	麻	067	強魚	群	魚	無	
41	流離	203	力求	來	尤	045	呂支	來	支	同類雙聲（來母）	同音
	琉璃	203	力求	來	尤	045	呂支	來	支	同類雙聲（來母）	
42	餘皇	067	以諸	喻	魚	181	胡光	匣	唐	旁紐雙聲	同音
	艅艎	067	以諸	喻	魚	181	胡光	匣	唐	旁紐雙聲	
43	蓓苣	526	於力	影	職	251	羊己	喻	止	聲近（同爲影系）韻近（陰入對轉）	同音
	薏苡	526	於力	影	職	251	羊己	喻	止	聲近（同爲影系）韻近（陰入對轉）	
44	枇杷	052	房脂	並	脂	169	蒲巴	並	麻	同類雙聲（並母）	同音
	琵琶	052	房脂	並	脂	169	蒲巴	並	麻	同類雙聲（並母）	
45	蚚蜢	510	陟格	知	陌	316	莫幸	明	耿	韻近（同爲梗攝）	同音
	舴艋	510	陟格	知	陌	316	莫幸	明	耿	韻近（同爲梗攝）	
46	詹諸	226	職廉	照	鹽	070	章魚	照	魚	同類雙聲（照母）	聲近又 疊韻
	蟾蜍	226	職廉	照	鹽	071	署魚	禪	魚	聲近（同爲照系）	
47	蟞蟊	128	布還	幫	刪	153	莫交	明	肴	聲近（同爲幫系）	聲近
	班貓	128	布還	幫	刪	150	武瀌	明	宵	聲近（同爲幫系）	
48	即令	527	子力	精	職	196	郎丁	來	青	無	同音
	鶺鴒	527	子力	精	職	195	郎丁	來	青	無	
49	皋居	047	府移	幫	支	066	九魚	見	魚	韻近（韻攝相近）	同音
	鵯鶋	047	府移	幫	支	066	九魚	見	魚	韻近（韻攝相近）	
50	谿鶒	091	苦奚	溪	齊	525	恥力	徹	職	聲近（同位）	同音
	鸂鶒	091	苦奚	溪	齊	525	恥力	徹	職	聲近（同位）	
51	蜽蛃	312	文兩	微	養	310	良獎	來	養	疊韻（同爲養韻）	同音
	魍魎	313	文兩	微	養	310	良獎	來	養	疊韻（同爲養韻）	
52	夗蟺	281	於阮	影	阮	291	常演	禪	獮	韻近（同爲山攝）	同音
	蜿蜒	281	於阮	影	阮	137	以然	喻	仙	韻近（同爲山攝）	

53	解廌	270	胡買	匣	蟹	270	宅買	澄	蟹	疊韻（同爲蟹韻）	同音
	獬豸	270	胡買	匣	蟹	270	宅買	澄	蟹	疊韻（同爲蟹韻）	
54	橐佗	505	他各	透	鐸	160	徒河	定	歌	聲近（同爲端系）	同音
	駱駝	505	盧各	來	鐸	159	徒河	定	歌	聲近（同爲舌音）	
55	䫡顩	351	平祕	並	至	385	許介	曉	怪	韻近（韻攝相近）	雙聲
	贔屭	352	平祕	並	至	355	虛器	曉	至	韻近（韻攝相近）	
56	蘆菔	070	力居	來	魚	530	蒲北	並	德	無	雙聲
	蘿蔔	160	魯何	來	歌	530	蒲北	並	德	無	
	萊菔	099	落哀	來	哈	530	蒲北	並	德	無	
57	𤟥𤠝	087	都奚	定	齊	092	戶圭	匣	佳	韻近（同爲蟹攝）	疊韻
	提攜	087	杜奚	定	齊	092	戶圭	匣	佳	韻近（同爲蟹攝）	
58	加沙	166	古牙	見	麻	167	所加	疏	麻	疊韻（同爲麻韻）	同音
	袈裟	166	古牙	見	麻	168	所加	疏	麻	疊韻（同爲麻韻）	

　　據此音韻分析表可知張有所列舉的五十八組字例中，正字與別字間的音韻關係，同音的有 37 例，佔 64%；雙聲的有 8 例，佔 14%；疊韻的有 9 例，佔 15%；聲近又疊韻的僅有 1 例，佔 2%；前疊韻後雙聲的只有 1 例，佔 2%；聲近的有 2 例，佔 3%。

　　綜上所言，可知張有聯緜字例所呈現的聲音關係，當是相當緊密的，五十八組正、別字組間，皆有聲音關係，又以同音字佔最大比例。

伍、聯緜字觀

　　張有《復古編》收集了五十八個詞組，正別體對照，但因爲《復古編》僅有「聯綿字」的歸類，而無說明收字之準則，所以我們只能觀察與猜測。大陸學者李運富曾以現代的理論分析這些聯綿字，他認爲這些詞彙類具有單純詞跟合成詞兩大類，他說：

按現代的語素觀念來分析其詞語的內部結構：

一、合成詞

　　1、同義聯合：匐帀、儋何、皷陞

　　2、類義聯合：澶洧、緩結、軩迹、鬢齓、縫褓

　　3、反義聯合：左右、坳垤、坎坷、壹壺

　　4、偏正式：千秋、空奚

　　5、主謂式：目宿

6、其他：劈曆、虙虧、裹裒、裵回、鵖旎、怳忽、纍眉

二、單純詞：二字分別無義的單純詞

消搖、差沱、籧篨、峙躇、闠闤、蹢躅、玓瓅、裵回、讘吺、昆侖、族絫、車渠、流離、餘皇、蓄苢、枇杷、蚍蜢、詹諸、盤蝥、即令、卑居、谿鳷、蛧蜽、解廌、橐佗、蘆菔、遈邋、加沙、滂沐、廫霩、豈弟、阿那、顑頷〔註199〕

這是以語法角度分類，所以著重在字義及詞組結構的分析上。

聯緜字的體例編排與標準，張有可以說是延續著正文，以《說文解字》爲最高指導原則，分析形、音、義沿用《說文》。筆者試著從歷代字書、韻書所記載之相關「字義」，對這五十八組的聯緜字溯本追源，就筆者所觀察而言，字形方面，大抵仍是以《說文解字》爲準，不見於《說文》的字是不會被當作正字。對於徐鉉的案語解釋，相當重視，多有採用；字音上，聯緜字「正字」與「別字」皆有聲韻關係，符合現代聯綿詞「音韻聯綿」的要求；字義上，則是比較不固定，有時聯緜字的兩個字單獨字義與聯緜字義相關，有時又無關。雖無直接證據可證，但就以上五十八組聯緜字之字義分析，在北宋時，聯緜字應該是發展地相當蓬勃，而濫用字形者不在少數，張有爲了「字樣」的重要性，遂上追《說文》，從篆文中釐清何字適合此聯緜字之定義，但並不是完整地搜羅當時所見的大部分聯緜字，而是採舉例的方式。如陳玉玲所言：

> 張有收集這58個「聯綿字」的用意，非因聲音的聯綿而取之，亦非因意義的聯綿而納之，實乃爲正俗字，以尋求古之本眞而舉，而這些詞的共同特色就是「形體聯綿」。〔註200〕

所謂形體聯綿，應當不單是指字形上的相似，而是特別強調字形的正確。《復古編》中聯緜字只是舉例，要理出一個完整觀念來尚有困難，但張有正「字形」，求「字樣」的用心，當是十分清楚的。

是故，筆者以此五十八組字例推測，張有對於聯緜字的觀念當是「字形見於《說文》且必有字音關係的兩個字，單字字義最好與聯緜字字義相通」。

〔註199〕李運富著：〈是誤解不是「挪用」——也談古今聯綿字觀念上的差異〉，《中國語文》，頁3。

〔註200〕陳玉玲著：《漢賦聯綿詞研究》，頁18。

第六章　結　論

第一節　研究成果

綜上所述，本論文可得研究成果如下：

壹、作者與版本

筆者由陳瓘、楊時《龜山集》、程俱《北山小集》、樓鑰《攻媿集》等人所作之《復古編·序》及《四庫全書總目提要》和《研北雜志》，考定出張有，字謙中，號眞靜，是湖州吳興人，出生於宋政和三年（西元 1054 年），祖父是北宋詞人張先。張謙中自幼即鑽研篆法，二十歲時就以篆法精妙聞名，四十歲時學成，六十歲時著成《復古編》。雖出身於官宦世家，但其人淡泊名利，不具仕宦之心，專心於篆法，晚年隱居，出家作了道士。卒年不祥，只知約莫活了七十多歲。

版本方面，筆者所知見版本共有三十三種，可見版本有十二種。透過分析比較後，可歸爲四大類：第一類，元至正六年吳志淳好古齋仿宋大字刊本：今臺北國家圖書館所藏之舊鈔本（編號 00982）是唯一屬此類；第二類，明黎民表刊本：明崇禎四年馮舒抄並跋本、四庫全書本、清馮龍官跋明刻本皆屬此類；第三類，乾隆四十六年葛鳴陽本：清知不足齋鈔本、清道光十五年莫友芝家抄本、清同治十三年桂中行抄本、清同光間翻刻本、清光緒八年淮南書局翻葛氏本、清光緒十八年香山劉氏小蘇齋刻本、清戈襄校乾隆葛氏本，皆屬此類。第四類，影宋鈔本（抄自錢求赤所藏宋本）：民國 24 年至 25

年上海商務印書館刊四部叢刊三編本、1977 年藝文印書館影印本、1983 年
臺灣商務印書館影印本、1989 年上海古籍出版社影印本、2002 年安徽教育
出版社影印本及今臺北國家圖書館所藏之舊鈔本（編號 00984）與精鈔本（編
號 00985），均屬此類。

貳、編輯體例

全書分上、下二卷，以四聲分部，細分以《廣韻》二百零六韻爲次第。
上平、下平、上、去聲收入上卷，下卷有入聲與附錄六門——聯緜字、形聲
相類、形相類、聲相類、筆迹小異、上正下譌。在文字的詮釋上，與《說文》
相同，將篆字置於字首，注文才用楷書作解釋，釋正字之形、音、義，多直
採《說文》，少部分參考《集韻》等書。以書證作爲釋義之強化，共引五十一
次，來源可分爲五大類、二十三本書。受到韻書興盛的影響，爲了「辨析字
形」與「檢索便利」之需，故以「四聲分類」編排，這樣的編排方式與《干
祿字書》相同。

附錄六門的編排方式大抵與正文相同，同以篆字作字頭，注文楷體。只
是因爲各自重視之目的不同，故字組間排列也不同，不似正文以四聲排列、
兩百零六韻爲次第，而是搜羅大量字例，加以辨析，偏似舉例說明之方式。

參、《復古編》字學理論

《復古編》中涵攝有五大重要字學理論：

第一，六書觀，張有認爲象形字是「象其物形，隨體詰屈，而畫其迹者
也，如云回山川之類。」其看法與字例，大抵仍依《說文》，字例雖稍有爭
議，但不影響觀念；對指事字的看法是「事猶物也，指事者，加物于象形之
文，直著其事，指而可識者也，如本、末、又、叉之類。」其所謂「指事」，
僅是「合體指事」，另有「獨體」與「變體」二類未提及；對會意的見解是
「或合其體而兼乎義，或反其文而取其意，擬之而言，議之而後動者也，如
休、信、鬻、明之類。」其言「會意」，僅是「異文會意」，另有「同文會意」、
「會意附加圖形」、「會意附加符號」、「變體會意」四類未提及，所舉字例不
夠全面；至於形聲字，張有稱作諧聲，認爲「或主母以定形，或因母以主意，
而附他字爲子，以調合其聲者也，如鵝、鴨、江、河之類。」其所舉之四例，
皆爲今日一形一聲之形聲正例，張有仍依許慎之說；對於假借字，覺得是「本

非己有，因他所授，而借其聲義者也，如亦、非、西、朋之類。」其言「假借」，係指「本無其字，依聲託事」一類，所舉字例皆是同聲借義的狹義假借；其論轉注爲「展轉其聲，注釋他字之用也，如其、無、少、長之類也。」此類爲歷來論六書時，張有最爲人所津津樂道之處，唯其誤將依聲託事之假借當作轉注。

總的來說，張有六書觀，除轉注明顯有誤，其他仍多依循《說文》。其六書次序爲「象形、指事、會意、諧聲、假借、轉注」，相當正確。大致上，張有六書觀不僅依《說文》之說，於守舊之外，仍有創新。

第二，辨似觀。觀念有三，其一，總據《說文解字》爲辨似之標準。因爲全書皆以《說文》爲準，辨似觀念亦建立於此，凡是合於《說文》之古法，便不多加探討，不合《說文》者，則必詳考其形體之差，務求字形爲正、筆畫不妄改；其二，點畫有別，務析毫釐。附錄中「筆迹小異」、「上正下譌」二類爲嚴厲標準的展現。筆迹小異列出一字之異體，辨析最正確之寫法；上正下譌，直接舉例說明，駁斥世俗的訛亂字體，如「ﾗﾗﾗﾗ」僅是筆畫彎曲程度之差別，但張有堅持必寫作「ﾗﾗ」，由此可知其辨似標準之嚴謹；其三，形似字類概念。因爲附錄六門，除聯緜字、聲相類外，皆爲形似字類，「辨似」目的可見一斑。以舉例方式呈現辨似字組，未以形分類，所以部首字愈多之字組，字例愈多，如「木」、「扌」之分，「竹」、「艹」之分，木部、手部、竹部、艹部收字多，形近之字例也較多。

第三，字樣觀，觀念有三，其一，視《說文》爲文字學之圭臬。凡是正字，皆以《說文》正篆爲準則，字形、字義、字音皆採《說文》；其二，嚴格區分字體概念，不但有字級概念，且標準更加縝密，可分三層：第一層——欲復之「古」，《說文》正字。張有心中最好的正字，當是出自古《說文》的篆字。另有「或作」、「又作」二類，也被張有視爲第一級字。此三類爲《復古編》第一級字，是最好的用字。第二層，——既非《說文》正字，又非時俗所亂之譌字。此類字級爲廣義的異體字，包括「譌字」、「正字」外的各種字，有「俗、通、今、古、籀、隸」六種。第三層——直斥爲「非」之譌字。所有異體，凡張有言「非」之字，均視此類爲譌字。有「別作某非」、「隸作某非」、「俗作某非」、「今作某非」四種；其三，強烈辨析形似字之觀念。正文中，正字皆以篆書字形直接隸定爲楷體，附錄六類，也分析字形筆畫之細微差異，如「筆迹小異」類中，是直舉筆畫相近之篆形異體，在「上正下譌」

類中，直接比較正確與錯誤寫法，差異細微，僅是正字與譌字筆畫的合筆或彎曲之別。由此可知《復古編》具有強烈的辨析觀念。

第四、異體字觀，觀念有四，其一，嚴謹之正字標準。全書一以貫之的正字標準——凡視爲正字者，必見於《說文解字》；其二，初步異體字例之建構。書中僅有「波」、「采」、「爿」三字下有「修等字皆从攸」、「俗作彩綵，竝當用采」、「至於牆、壯、戕、狀之屬竝當从爿省」的異體字例呈現，不似《干祿字書》有較完備的「異體字例」；其三，區分字體概念，除正字外，《復古編》之異體字可分爲二，一種爲未言非的所有異體，另一種言非，則被張有視爲譌字，是《復古編》異體字中占最多比例的；其四，保存異體。張有在嚴斥譌誤字，一心復古《說文》之時，已經作了保存異體的工作。因爲即使被張有斥爲「非」的那類，仍被《復古編》所收錄。

第五、聯緜字觀，整理書中所收五十八組聯緜字組，可以從三方面來看：字形方面，大抵仍是以《說文解字》爲準，正字必見於《說文》，重視且多採用徐鉉案語；字音上，聯緜字「正字」與「誤字」皆有聲韻關係，符合現代聯綿詞「音韻聯綿」的要求；字義方面，則不固定，有時聯緜字的兩個字單獨字義與聯緜字義相關，有時又無關。筆者以此五十八組字例歸納後推測，張有聯緜字觀當是「字形見於《說文》且必有字音關係的兩個字，單字字義最好與聯緜字字義相通」。

第二節　未來展望

由前述之五點，可知《復古編》除具有多方面研究之價值外，更可從張有與《復古編》內容之研究中，擬出以下幾個值得深入探究之主題，如下：

第一，《復古編》呈現多樣字學理論，若將續補之作——元代曹本《續復古編》與吳均《增修復古編》二書，以同樣的研究方法著手，是否《續復古編》與《增修復古編》的各項字學觀念及字例，將符合《復古編》之觀念。或將《復古編》、《續復古編》、《增修復古編》三者所收字例，去蕪存菁，歸納出適合的字例。更可進一步比較曹本續作與吳均增補之優劣。

第二，《復古編》中隱涵有似《干祿字書》正俗通之的字級觀念，若能將《復古編》所收字以同《干祿字書》之「異體字例」方式歸納，透過偏旁演化相同字類的比較，建立出完整的「《復古編》異體字例」，則可使此書價值

增高不少。

　　第三，聯緜字最早見於金文，但歷代對於聯緜字的研究，乃從宋代張有首先群聚字例，並定名「聯緜字」一類爲肇端。故可由《復古編》爲中間點，向上溯源宋代以前所見「聯緜字」，探討出各個朝代的斷代聯緜字觀念，或是從各種經籍內的聯緜字使用情況，整理出各書不同的聯緜字觀念；向下至元、明、清及現代，斷代聯緜字觀念仍是探討的重點，除此之外，諸多近似聯緜字的用語與相關典籍之記載，亦可作該書的觀念探討。更可以將現代所見之「聯緜字」，定出屬於現代的「聯緜字字樣標準」，以此分析今日所見之聯緜字使用頻率，以「常見」、「次常見」、「罕用」等項目分類，建立符合現代聯緜字的使用標準。甚至可以將現代漢語聯緜字都蒐羅起來，重新刪併符定一《聯緜字典》中不合時宜之類，增益現代語言常用或新出之聯緜字，編纂一本《新聯緜字典》。

　　第四，歷代字樣書爲求「字樣」，多有辨似觀念之建立，《復古編》即具有強烈的辨似概念。「辨似」之標準與分類，實可擴大至歷代字書，乃至於整個漢語文獻。釐清各字書之辨似觀念，明白整個漢語文獻的辨似觀念有無傳承與創新，實可再進一步考察。

　　要言之，筆者欲透過張有及《復古編》之考究，以明宋代文字學研究之一隅，進而探尋廣大的宋代文字學、聲韻學、訓詁學、語言學、六書學、字樣學等重要學問。其他更深於此論文的研究主題，諸如歷代字樣觀、歷代六書觀、歷代字書訓詁觀、歷代字書音韻觀、漢語辨似、漢語聯緜字等，皆是未來筆者於個人研究生涯中，可資參考的方向，期許將來能循序漸進的做出一些研究成果。

參考文獻

一、《復古編》版本

1. 〔宋〕張有:《復古編》(北京:北京圖書館出版社,2004年12月,據中國國家圖書館館藏元至正六年吳志淳好古齋刻本影印)。

2. 〔宋〕張有:《復古編》(臺北:藝文印書館,民國66年,據宋鈔本影印)。

3. 〔宋〕張有:《復古編》(清同光間翻刻乾隆四十六年,西元1781年,安邑葛鳴陽本)。

4. 〔宋〕張有:《復古編》(臺北國家圖書館所存善本之清知不足齋鈔本)編號00981。

5. 〔宋〕張有:《復古編》(臺北國家圖書館所存善本之舊鈔本)編號00982。

6. 〔宋〕張有:《復古編》(臺北國家圖書館所存善本之舊鈔本)編號00983。

7. 〔宋〕張有:《復古編》(臺北國家圖書館所存善本之舊鈔本)編號00984。

8. 〔宋〕張有:《復古編》(臺北國家圖書館所存善本之舊鈔本)編號00985。

9. 〔宋〕張有:《復古編》,《四部叢刊‧三編》(臺北:臺灣商務印書館,據民國24至25年上海商務印書館影印本影印)。

10. 〔宋〕張有;〔元〕吳均增補:《增修復古編》,《四庫全書存目叢書‧經部‧小學類》冊188(臺南:莊嚴文化事業公司,民國86年,據北京圖書館藏明初刻本影印)。

11. 〔宋〕張有:《復古編》,《中華漢語工具書書庫》冊12(合肥:安徽教育出版社,2002年6月,據影宋鈔本影印)。

二、古　籍

1. 〔漢〕毛亨傳;〔漢〕鄭玄箋;〔唐〕孔穎達疏;李學勤主編;龔抗雲等整理:《毛詩正義‧小雅》(臺北:台灣古籍出版社,2001年10月)。

2. 〔漢〕司馬遷撰；〔南朝宋〕裴駰集解；〔唐〕司馬貞索隱、張守節正義：《史記》（北京：中華書局，1959 年 7 月）。

3. 〔漢〕班固：《漢書》，《景印文淵閣四庫全書》冊 250（臺北：臺灣商務印書館，民國 75 年 7 月）。

4. 〔漢〕許慎撰、〔宋〕徐鉉校訂：《說文解字》（北京：中華書局，1963 年 12 月）。

5. 〔北齊〕魏收：《魏書》，《景印文淵閣四庫全書》冊 261（臺北：臺灣商務印書館，民國 75 年 7 月）。

6. 〔梁〕顧野王：《玉篇》，《中華漢語工具書書庫》冊 1（合肥：安徽教育出版社，2002 年 6 月）。

7. 〔唐〕唐玄度：《九經字樣》，《中華漢語工具書書庫》冊 12（合肥：安徽教育出版社，2002 年 6 月）。

8. 〔唐〕張參：《五經文字》，《中華漢語工具書書庫》冊 12（合肥：安徽教育出版社，2002 年 6 月）。

9. 〔唐〕顏元孫：《干祿字書》，《中華漢語工具書書庫》冊 11（合肥：安徽教育出版社，2002 年 6 月）。

10. 〔宋〕丁度等：《集韻》（上海：上海古籍出版社，1985 年 5 月）。

11. 〔宋〕王安石撰；李之亮箋注：《王荊公文集箋注》（成都：巴蜀書社，2005 年 5 月）。

12. 〔宋〕王應麟：《玉海》，《景印文淵閣四庫全書》冊 944（臺北：臺灣商務印書館，民國 75 年 7 月）。

13. 〔宋〕司馬光等：《類篇》，《中華漢語工具書書庫》冊 2（合肥：安徽教育出版社，2002 年 6 月）。

14. 〔宋〕何薳：《春渚紀聞》，《景印文淵閣四庫全書》冊 863（臺北：臺灣商務印書館，民國 75 年 7 月）。

15. 〔宋〕李從周：《字通》，《中華漢語工具書書庫》冊 1（合肥：安徽教育出版社，2002 年 6 月）。

16. 〔宋〕李燾：《重刊許氏說文解字五音韻譜》，《四庫全書存目叢書》冊 187（臺南：莊嚴文化事業公司，民國 86 年）。

17. 〔宋〕周密撰；吳慶明點校：《癸辛雜識》，《唐宋史料筆記叢刊》（北京：中華書局，1988 年 1 月）。

18. 〔宋〕晁公武撰；孫猛校證：《郡齋讀書志校證》（上海：上海古籍出版社，1990 年 10 月）。

19. 〔宋〕張世南：《游宦紀聞》，《景印文淵閣四庫全書》冊 864（臺北：臺灣商務印書館，民國 75 年 7 月）。

20. 〔宋〕郭忠恕：《佩觿》，《中華漢語工具書書庫》冊 12（合肥：安徽教育出版社，2002 年 6 月）。

21. 〔宋〕陳振孫：《直齋書錄解題》（上海：上海古籍出版社，1987 年 12 月）。

22. 〔宋〕陳彭年等：《新校宋本廣韻》（臺北：洪葉文化事業有限公司，2005年 9 月）。

23. 〔宋〕程俱：《北山小集》，《宋集珍本叢刊》冊 33（北京：線裝書局，2004年 6 月，據清道光五年袁廷檮貞節堂據黃氏士禮傳錄本仿鈔）。

24. 〔宋〕程俱：《北山集》，《景印文淵閣四庫全書》冊 1130（臺北：臺灣商務印書館，民國 75 年 7 月）。

25. 〔宋〕楊時：《龜山集》，《景印文淵閣四庫全書》冊 1125（臺北：臺灣商務印書館，民國 75 年 7 月）。

26. 〔宋〕董史：《皇宋書錄》冊中，《宋代傳記資料叢刊》（北京：北京圖書館出版社，2006 年 10 月）。

27. 〔宋〕樓鑰：《攻媿集》，《景印文淵閣四庫全書》冊 1152（臺北：臺灣商務印書館，民國 75 年 7 月）。

28. 〔宋〕鄭樵：《通志》（杭州：浙江古籍出版社，1988 年）。

29. 〔宋〕戴侗：《六書故》，《景印文淵閣四庫全書》冊 226（臺北：臺灣商務印書館，民國 75 年 7 月）。

30. 〔宋〕饒節：《倚松老人詩集》（北京：線裝書局，2004 年 6 月）。

31. 〔遼〕釋行均：《龍龕手鑑》，《中華漢語工具書書庫》冊 1（合肥：安徽教育出版社，2002 年 6 月）。

32. 〔元〕托克托等：《宋史》，《景印文淵閣四庫全書》冊 280～288（臺北：臺灣商務印書館，民國 75 年 7 月）。

33. 〔元〕吾丘衍：《周秦刻石釋音》，《景印文淵閣四庫全書》冊 228（臺北：臺灣商務印書館，民國 75 年 7 月）。

34. 〔元〕李文仲：《字鑑》，《中華漢語工具書書庫》冊 12（合肥：安徽教育出版社，2002 年 6 月）。

35. 〔元〕周伯琦：《説文字原》，《景印文淵閣四庫全書》冊 228（臺北：臺灣商務印書館，民國 75 年 7 月）。

36. 〔元〕馬端臨：《文獻通考》，《景印文淵閣四庫全書》冊 614（臺北：臺灣商務印書館，民國 75 年 7 月）。

37. 〔元〕曹本：《續復古編》，《中華漢語工具書書庫》冊 12（合肥：安徽教育出版社，2002 年 6 月，據清光緒皕宋樓元鈔本影印）。

38. 〔元〕脱脱等：《宋史》（臺北：藝文印書館，據清乾隆武英殿刊本影印）。

39. 〔元〕陸友仁：《研北雜志》（北京：中華書局，1991 年）。

40. 〔元〕楊桓:《六書統》,《景印文淵閣四庫全書》冊 227（臺北:臺灣商務印書館,民國 75 年 7 月）。

41. 〔元〕虞集:《道園類稿》,《元人文集珍本叢刊》冊 6（臺北:新文豐出版社,民國 74 年）。

42. 〔明〕元華:《耕學齋詩集》,《景印文淵閣四庫全書》冊 1232（臺北:臺灣商務印書館,民國 75 年 7 月）。

43. 〔明〕方以智:《通雅》,《景印文淵閣四庫全書》冊 857（臺北:臺灣商務印書館,民國 75 年 7 月）。

44. 〔明〕吾丘衍:《學古編》,《景印文淵閣四庫全書》冊 839（臺北:臺灣商務印書館,民國 75 年 7 月）。

45. 〔明〕宋濂:《篆韻集鈔·序》,《宋濂全集》冊 4（杭州:浙江古籍出版社,1999 年 12 月）。

46. 〔明〕宋濂等修:《元史》,《景印文淵閣四庫全書》冊 294（臺北:臺灣商務印書館,民國 75 年 7 月）。

47. 〔明〕徐獻忠:《浙江省吳興掌故集》一（臺北:成文出版社,民國 72 年 3 月,據明嘉靖 39 年刊本影印）。

48. 〔明〕張丑:《眞迹日錄》冊中（北京:北京圖書館出版社,2002 年 6 月）。

49. 〔明〕張自烈:《正字通·酉集下·辵部》（康熙九年刊本）。

50. 〔明〕梅膺祚:《字彙》（明萬曆乙卯刊本）。

51. 〔明〕陶宗儀:《書史會要》,《景印文淵閣四庫全書》冊 814（臺北:臺灣商務印書館,民國 75 年 7 月）。

52. 〔明〕楊愼:《丹鉛續錄》,《景印文淵閣四庫全書》冊 855（臺北:臺灣商務印書館,民國 75 年 7 月）。

53. 〔明〕楊愼:《升菴集》,《景印文淵閣四庫全書》冊 1270（臺北:臺灣商務印書館,民國 75 年 7 月）。

54. 〔明〕楊愼:《譚苑醍醐》,《景印文淵閣四庫全書》冊 855（臺北:臺灣商務印書館,民國 75 年 7 月）。

55. 〔明〕董斯張:《吳興備志》,《景印文淵閣四庫全書》冊 494（臺北:臺灣商務印書館,民國 75 年 7 月）。

56. 〔明〕鄭明選:《鄭侯升集》,《四庫禁燬書叢刊·集部》冊 75（北京:北京出版社,2000 年。

57. 〔明〕豐坊:《書訣》,《叢書集成·續編》冊 99（臺北:新文豐出版社,民國 78 年）。

58. 〔明〕蘇伯衡:《蘇平仲文集》,《景印文淵閣四庫全書》冊 1228（臺北:臺灣商務印書館,民國 75 年 7 月）。

59. 〔清〕丁丙:《善本書室藏書志》(臺北:廣文書局,民國 77 年 12 月)。

60. 〔清〕于敏中等:《欽定天祿琳琅書目》,《景印文淵閣四庫全書》冊 675 (臺北:臺灣商務印書館,民國 75 年 7 月)。

61. 〔清〕王先謙:《漢書補注》,《續修四庫全書》冊 269 (上海:上海古籍出版社,2002 年)。

62. 〔清〕王梓材、馮雲濠撰、張壽鏞校補:《宋元學案補遺》冊 2 (臺北:世界書局,民國 63 年 7 月)。

63. 〔清〕朱駿聲撰;〔清〕朱鏡蓉參訂:《説文通訓定聲》(臺北:世界書局,民國 74 年 11 月)。

64. 〔清〕佚名:《四部要籍序跋大全・經部乙輯》(臺北:華國出版社,民國 41 年)。

65. 〔清〕李富孫:《説文辨字正俗》(北京:作家出版社,2007 年)。

66. 〔清〕李慈銘:《越縵堂筆記》冊中 (臺北:世界書局,民國 64 年 7 月)。

67. 〔清〕周中孚:《鄭堂讀書記》(北京:北京圖書館出版社,2007 年 8 月)。

68. 〔清〕周春:《杜詩雙聲疊韻譜括略》,《原刻景印百部叢書集成》第 35 部 (臺北:藝文印書館,民國 57 年)。

69. 〔清〕周靖:《篆隸考異・提要》,《景印文淵閣四庫全書》冊 225 (臺北:臺灣商務印書館,民國 75 年 7 月)。

70. 〔清〕邵瑛:《説文解字群經正字》,《中華漢語工具書書庫》冊 28 (合肥:安徽教育出版社,2002 年 6 月)。

71. 〔清〕金毓黻:《金毓黻手定文溯閣四庫全書提要》上冊 (北京:中華全國圖書館文獻縮微複製中心 1999 年 11 月)。

72. 〔清〕胡玉縉撰、王欣夫輯:《四庫全書總目提要補正》上冊 ((上海:上海書店出版社,1998 年 1 月)。

73. 〔清〕倪濤:《六藝之一錄》,《景印文淵閣四庫全書》冊 830～838 (臺北:臺灣商務印書館,民國 75 年 7 月)。

74. 〔清〕孫岳頒等:《御定佩文齋書畫譜》,《景印文淵閣四庫全書》冊 819～823 (臺北:臺灣商務印書館,民國 75 年 7 月)。

75. 〔清〕耿文光:《萬卷精華樓藏書記》,《清人書目題跋叢刊》九 (北京:中華書局,1993 年 1 月)。

76. 〔清〕張玉書等:《康熙字典》(臺南:大孚書局,民國 91 年 3 月)。

77. 〔清〕莊仲方:《南宋文範》(臺北:鼎文書局,民國 64 年 1 月)。

78. 〔清〕莫友芝撰、〔清〕莫繩孫纂錄:《邵亭知見傳本書目》(新北:文海出版社,民國 73 年 6 月)。

79. 〔清〕陳元龍:《格致鏡原》,《景印文淵閣四庫全書》冊 1032 (臺北:臺

灣商務印書館,民國 75 年 7 月)。

80. 〔清〕陸心源:《宋史翼》(北京:中華書局,1991 年 12 月,據光緒 32 年初刊朱印本影印)。

81. 〔清〕程際盛:《駢字分箋》,《叢書集成簡編》冊 386(臺北:臺灣商務印書館,民國 54 年)。

82. 〔清〕黃虞稷撰:《千頃堂書目》,《景印文淵閣四庫全書》冊 676(臺北:臺灣商務印書館,民國 75 年 7 月)。

83. 〔清〕錢曾:《也是園藏書目》,《叢書集成續編》冊 5(臺北:新文豐出版社,民國 78 年)。

84. 〔清〕錢曾:《錢遵王述古堂藏書目錄》,《中國著名藏書家書目匯刊‧明清卷》(北京:商務印書館,2004 年,據民國七略盦抄本影印)。

85. 〔清〕錢曾撰:瞿鳳起:《虞山錢遵王藏書目錄彙編》,《中國歷代書目題跋叢書》(上海:上海古籍出版社,2005 年 11 月)。

86. 〔清〕謝啓昆:《小學考》(臺北:藝文印書館,民國 63 年 2 月)。

87. 〔清〕瞿鏞編纂:《鐵琴銅劍樓藏書目錄》(上海:上海古籍出版社,2000 年 9 月)。

三、今人著作〔以作者姓氏筆畫排列〕

(一)專 書

1. 王力:《古代漢語》(北京:中華書局,1985 年 3 月)。

2. 王宏源:《字裡乾坤 漢字形體源流》(臺北:文津出版社,民國 87 年 10 月)。

3. 孔仲溫:《玉篇俗字研究》,《國科會專題研究成果報告》(民國 85 年 12 月)。

4. 北京圖書館出版社古籍影印室輯:《明清以來公藏書目彙刊》(北京:北京圖書館出版社,2008 年 6 月)。

5. 朱星著、于寶賢等修訂:《中國語言學史》(臺北:洪葉文化事業有限公司,1995 年 8 月)。

6. 李建國:《漢語訓詁學史》(上海:上海辭書出版社,2002 年 8 月)。

7. 李學勤:《春秋左傳正義‧莊公～僖公》(臺北:臺灣古籍出版社,2001 年 10 月)。

8. 李建國:《漢語規範史略》(北京:語文出版社,2000 年 3 月)。

9. 李之亮箋注:《王荊公文集箋注》(成都:巴蜀書社,2005 年 5 月)。

10. 何廣棪:《陳振孫之經學及其《直齋書錄解題》經錄考證》下(新北:花木蘭出版社,民國 95 年 3 月)。

11. 吳澤：《王國維全集》（北京：中華書局，1984 年 3 月）。

12. 周祖謨：《問學集》（臺北：知仁出版社，民國 65 年 12 月）。

13. 范可育等：《楷字規範史略》（上海：華東師範大學出版社，2000 年 7 月）。

14. 昌彼得等：《宋人傳記資料索引》三（臺北：鼎文書局，民國 90 年 6 月）。

15. 尚恆元、孫安邦：《中國人名異稱大辭典》（太原：山西人民出版社，2002 年）。

16. 胡楚生：《訓詁學大綱》（臺北：華正書局，民國 92 年 9 月）。

17. 胡樸安：《中國文字學史》（臺北：臺灣商務印書館，2006 年 9 月）。

18. 唐濤編：《中國歷代書體演變》（臺北：臺灣省立博物館出版部，民國 79 年 6 月）。

19. 許師錟輝：《字彙補俗字研究》，《國科會專題研究成果報告》（民國 85 年 12 月）。

20. 徐振邦：《聯綿詞概論》（北京：大眾文藝出版社，1998 年 7 月）。

21. 班弨：《中國語言文字學通史》廣州：廣東高等教育出版社，1998 年 4 月）。

22. 張其昀：《中國文字學史》（南京：江蘇教育出版社，1994 年 6 月）。

23. 張涌泉：《漢語俗字研究》（長沙：岳麓書社，1998 年 7 月）。

24. 張涌泉：《敦煌俗字研究》（（上海：上海辭書出版社，1996 年 12 月）。

25. 張明華：《中國古代字典詞典》（臺北：臺灣商務印書館，民國 83 年）。

26. 張撝之、沈起煒、劉德重：《中國歷代人名大辭典》（上海：上海古籍出版社，1999 年。

27. 張宗祥輯：《王安石「字說」輯》福州：福建人民出版社，2005 年 1 月）。

28. 張人鳳：《張元濟古籍書目序跋匯編》（北京：商務印書館，2003 年 1 月）。

29. 國立中央圖書館：《國立中央圖書館善本序跋集錄》（臺北：國立中央圖書館，民國 81 年）。

30. 陳新雄、曾榮汾師：《文字學》（臺北：五南圖書公司，2010 年 9 月）。

31. 符定一編：《聯綿字典》（臺北：臺灣中華書局，民國 75 年 4 月）。

32. 裘錫圭：《文字學概要》（臺北：萬卷樓圖書有限公司，1994 年 3 月）。

33. 陽海清等：《文字音韻訓詁知見書目》（武漢：湖北人民出版社，2002 年 10 月）。

34. 程千帆等：《校讎廣義·版本編》，《中國傳統文化研究叢書》（濟南：齊魯書社，1998 年 4 月）。

35. 曾榮汾師：《字彙俗字研究》，《國科會專題研究成果報告》（民國 85 年 12 月）。

36. 曾榮汾師：《字樣學研究》（臺北：臺灣學生書局，民國77年4月）。

37. 程千帆等：《校讎廣義・版本編》，《中國傳統文化研究叢書》（濟南：齊魯書社，1998年4月）。

38. 郭錫良：《漢字古音手冊》（北京：北京大學出版社，1986年11月）。

39. 黃德寬、陳秉新：《漢語文字學史》增訂本（臺北：聯經出版社，2008年11月）。

40. 黃侃：《黃侃國學文集》（新竹：花神出版社，民國91年8月）。

41. 顧棟高：《王安石年譜》，《王安石全集》（臺北：河洛圖書出版社，民國63年10月）。

42. 顧雄藻：《字辨》（臺北：臺灣商務印書館，民國75年5月）。

43. 葉蜚聲、徐通鏘：《語言學綱要》（臺北：書林出版社，民國82年3月）。

44. 雍和明等：《中國辭典史論》（北京：中華書局，2006年11月）。

45. 楊家駱：《歷代人物年里通譜》（臺北：世界書局，民國63年7月）。

46. 葛本儀：《語言學概要》（臺北：五南圖書公司，民國91年5月）。

47. 劉趨眞：《字辨》（基隆：劉趨眞，民國52年11月）。

48. 劉葉秋：《中國字典史略》（臺北：源流文化事業公司，民國73年3月）。

49. 劉志成：《中國文字學書目考錄》（成都：巴蜀書社，1997年8月）。

50. 劉兆祐師：《治學方法》（臺北：三民書局，2004年10月）。

51. 趙振鐸：《中國語言學史》（石家莊：河北教育出版社，2000年5月）。

52. 蔣善國：《漢字學》（上海：上海教育出版社，1987年8月）。

53. 蔡信發師：《說文答問》（臺北：臺灣學生書局，民國93年9月）。

54. 鄧文彬：《中國古代語言史》（成都：巴蜀書社，2002年9月）。

55. 黨懷興：《宋元明六書研究》（北京：中國社會科學出版社，2003年12月）。

（二）單篇論文

1. 小川環樹原著：蔡幸娟譯：〈宋遼金時代的字書〉（書目季刊第二十三卷第四期），頁36～42。

2. 孔仲溫：〈宋代文字學〉，《國文天地》（臺北：國文天地雜誌社，民國76年8月，第3卷3期），頁73～79。

3. 王玨：〈石印本《復古編》非北宋張有撰考辨〉，《圖書館理論與實踐》（上海：華東師範大學中國文字研究與應用中心，2009年第9期）。

4. 王玨：〈張有《復古編》爲匡正王安石《字說》而著考略〉，《寧夏社會科學》（上海：華東師範大學中國文字研究與應用中心，2009年7月，第4期，總第155期）。

5. 吳楠楠：〈《復古編》漢字訓釋體系研究〉，《黑龍江史志》（2009 年 10 期，總第 203 期）。

6. 李正芬：〈試論聯綿詞組構要素的歷史變化與發展——以《經典釋文》音義注釋爲主〉，漢學研究第 24 卷第 2 期，民國 95 年 12 月），頁 105～133。

7. 周法高：〈聯綿字通說〉，《國立臺灣大學文史哲學報》（第 6 期，民國 43 年 12 月），頁 75～90：《中國語文論叢》（臺北：正中書局，民國 70 年 10 月），頁 132～149。

8. 范建國：〈宋明的聯綿字研究〉《黃岡師範學院學報》（2005 年 8 月，第 25 卷第 4 期），頁 56～5。

9. 孫德宣：〈連綿字淺說〉，《輔仁學誌》第 11 卷，第一、二期合刊，民國 32 年 12 月），頁 3309～3315。

10. 徐芳敏：〈漢語方言本字考證與古漢語聯綿詞〉，《臺大文史哲學報》第六十七期，民國 96 年 11 月），頁 83～106。

11. 馬偉成：〈唐代俗字研究——以《五經文字》爲考察對象〉，《文字的俗寫現象及多元性——第十七屆中國文字學學術研討會論文集》臺中：聖環圖書公司，2006 年 5 月）。

12. 張壽林：〈三百篇聯綿字研究〉，《燕京學報》（第 13 期，1933 年），頁 170～196。

13. 陳怡如：〈《正字通》之字樣觀念釋例〉，《第二十一屆中國文字學國際學術研討會論文集》（臺北：東吳大學，民國 99 年 4 月）。

14. 曾榮汾師：〈字樣學的新發展〉第三屆《中國文字學國際學術研討會論文集》（新北：輔仁大學中文系 1992 年 2 月）。

15. 曾榮汾師：〈字樣學的語言觀〉第二十屆《中國文字學國際學術研討會論文集》高雄：國立中山大學中文系，2009 年 5 月），頁 385～393。

16. 劉元春：〈海峽兩岸字樣學研究三十年〉，《語言文字學術研究》2008 年第 5 期，總第 85 期）。

17. 劉福根：〈歷代聯綿字研究〉，《語文研究》（1997 年第 2 期，總第 63 期），頁 32～36。

（三）學位論文

1. 王世豪：《南宋李從周《字通》研究》（臺北：東吳大學中國文學研究所碩士論文，民國 98 年 6 月）。

2. 呂瑞生：《字彙異體字研究》（臺北：中國文化大學中國文學研究所博士論文，民國 89 年 6 月）。

3. 呂瑞生：《歷代字書重要部首觀念研究》（臺北：中國文化大學中國文學研究所碩士論文，民國 83 年 6 月）。

4. 巫俊勳：《《字彙》編纂理論研究》（臺北：輔仁大學中國文學研究所博士論文，90 年 6 月）。

5. 李淑婷：《世說新語聯綿詞研究》（臺北：東吳大學中國文學研究所碩士論文，民國 89 年 5 月）。

6. 河永三：《漢代石刻文字異體字與通假字研究》（臺北：政治大學中國文學研究所博士論文，民國 83 年 6 月）。

7. 施順生：《甲骨文異體字研究》（臺北：中國文化大學中國文學研究所碩士論文，民國 81 年 6 月）。

8. 孫小會：《張有《復古編》的正字觀及其意義》（北京：北京師範大學漢語言文字學碩士論文，2005 年 5 月）。

9. 陳玉玲：《漢賦聯綿詞研究·摘要》（臺中：逢甲大學中國文學研究所碩士論文，民國 94 年 6 月）。

10. 陳姞淨：《佩觿字樣理論研究》（臺北：中國文化大學中國文學研究所碩士論文，民國 93 年 12 月）。

11. 黃復山：《王安石「字說」之研究》（臺北：臺灣大學中國文學所碩士論文，民國 71 年 6 月）。

附　錄

附錄一　以徐鉉本《說文》部首序編排之《復古編》正文 [註1]

編號 [註2]	復篆	改篆 [註3]	四聲	原　文	大徐頁碼	部首	卷次	段注頁碼
				說文第三示部				
0811	祭		去聲	祭，祀也，从示以手持肉。別作祭祭，竝非。子例切。	8上	示	1上	3
0365	祊		下平	祊，門內祭先祖，所以徬徨，从示彭。或作祊。別作閟，非。補盲切。	8上	示	1上	4
1129	礿		入聲	礿，夏祭也，从示勺。別作禴，非。以灼切，文二。	8下	示	1上	5
1003	祝		去聲	祝，祭主贊詞者，一曰詛也，从示，从人，从口，一曰从兌省。別作呪，非。之秀切。又之六切。	8下	示	1上	6

〔註1〕此將影宋本《復古編》正文重新以徐鉉本《說文》五百四十部方式編排，參酌元刻《復古編》內容作訂正，並加上新式標點符號。（　）內為原書缺漏或有誤之處，筆者依全書體例補上。

〔註2〕此處係用《復古編》影宋本原本順序作編號。

〔註3〕此處所謂改篆，乃是「影宋本」於部分篆字上方、下面或側邊，留有不知名人所改之篆，為求記錄詳實，故置此以供參考。

0582	祳	上聲	祳，社肉盛以蜃，故謂之祳，天子所以親遺同姓，從示辰。辰別作脤，非。時忍切。	9上	示	1上	7
0565	禰	上聲	禰，親廟也，從示爾。別作祢，非。	9下	示	1上	無
			說文第五王部				
0358	皇	下平	皇，大也，從自王，自始也。始皇者，三皇大君也。別作凰，非。胡光切。	10上	王	1上	9
			說文第六玉部				
1049	王	入聲	王，石之美者，有五德，象三王之連丨其貫也。陽冰曰：三畫正均，如貫王也。隸作玉，加點俗，魚欲切。又欣救、息逐、相足三切。別作王玉，並非。	10上	玉	1上	10
0427	瓔	下平	瓔，玉也，從玉嬰。別作珱，非。耳由切，文二。	10上	玉	1上	10
0017	玒	上平	玒，玉也，從玉工。別作珙，非。	10下	玉	1上	10
0227	瑗	上平	瑗，璧也，玉好若一謂之瑗。別作鐶，非。	11上	玉	1上	12
1113	玦	入聲	玦，玉佩也，從玉夬。別作璚，與瓊字同。	11下	玉	1上	13
1065	珌	入聲	珌，佩刀下飾，天子以玉，從玉必。別作璍，非。	11下	玉	1上	14
1030	瑎	入聲	瑎，玉器也，從玉曷。隸作瑇，從壽俗。	11下	玉	1上	15
0316	瑕	下平	瑕，小赤玉也，從玉叚，一曰赤雲气。後人俗別作霞。乎加切，文三。	12上	玉	1上	15
0182	珍	上平	珍，寶也，從玉㐱。別作珎，非。陟鄰切。	12上	玉	1上	16
0331	瑲	下平	瑲，玉聲也，從玉倉。又管磬瑲瑲，當用瑲；鳥獸牄牄，當用牄。別作鏘，竝非。七羊切。	12上	玉	1上	16
0475	玲	下平	玲，墊石之次玉者，從玉今。別作瑊，非。古咸切。	12下	玉	1上	16
1002	璐	去聲	璐，石之次玉者，從玉莽。（別）作琇，非。	12下	玉	1上	16

0825	瑰	去聲	瑰，石之似玉者。別作㺜，非。	12下	玉	1上	17
0177	璒	上平	璒，石之似玉者，從玉進。別作瑨，非。	12下	玉	1上	17
0180	玭	上平	玭，珠也，從玉比。或作蠙。別作瓊，非。	13上	玉	1上	18
0163	瑰	上平	瑰，玫瑰也，從玉鬼，一曰圜好。別作瓌瓊，非。公回切。	13下	玉	1上	18
0393	靈	下平	靈，巫以玉事神，從王霝。或作靈，從巫。後人作齡俗。俗別作霛靈，竝非。郎丁切，文三。	13下	玉	1上	19
0449	琛	下平	琛，寶也，從玉，㴸省。別作綝，非。丑林切。	14上	玉	1上	無
			說文第八气部				
0760	气	去聲	气，雲气，象形。或作氣，饋客芻米也。別作炁，非。去既切。	14下	气	1上	20
			說文第九士部				
0800	壻	去聲	壻，夫也，從士胥。或從女。別作壻，非。	14下	士	1上	20
			說文第十一屮部				
0569	毐	上聲	毐，艸盛上出也，從屮母。別作莓，非。武罪切。	15上	屮	1下	22
0867	毒	去聲	毒，瑂也，一曰厚也，從屮從毒。別作玳瑇，竝非。又徒沃切。	15上	屮	1下	22
0204	熏	上平	熏，火煙上出也，從屮黑，熏象也。作燻，非。許云切。	15上	屮	1下	22
			說文第十二艸部				
0339	莊	下平	莊，從艸壯。別作莊莊，竝非。側羊切，文二。	15上	艸	1下	22
0216	虋	上平	虋，赤苗嘉穀也，從艸釁。別作䴷，非。莫奔切。	15下	艸	1下	23
0346	薑	下平	薑，禦溼之菜也，從艸畺。別作薑，非。居良切，文三。	16上	艸	1下	24
0179	蘋	上平	蘋，大萍也，從艸賓。別作蘋，非。	16下	艸	1下	25

0075	薆		上平	葰，薑屬，从艸俊。別作荽葰，竝非。息遺切。	16下	艸	1下	26
0060	蘺		上平	蘺，艸名，从艸離。又藩也。別作籬，非。	16下	艸	1下	26
0808	蒯		去聲	蒯，芙也，从艸劍。別作蒯，非。古詣切。	17上	艸	1下	27
0447	蔓		下平	蔓，人蔓藥艸，从艸漫。別作蔓，非。	17上	艸	1下	27
1119	薛		入聲	薛，艸也，从艸辥。別作薜，非。又桑葛切。作薩亦，非。	17下	艸	1下	27
0282	茅		下平	茅，菅也，从艸矛。別作茆，非。莫交切，文二。	17下	艸	1下	28
0850	蔽		去聲	蔽，艸也、姓也，从艸叔。別作蒯，非。苦怪切。	19上	艸	1下	30
0481	薑		上聲	董，艸名，一曰蘁根，一曰正也、督也，从艸童。別作董，非。多動切。	19下	艸	1下	32
0556	芐	芐	上聲	芐，地黃也，从艸下。別作芦，非。矦五切。	19下	艸	1下	32
0401	蓤		下平	蓤，芰也，从艸淩。或作薐。別作菱，非。力膺切。	19下	艸	1下	33
0721	藺		上聲	藺，芙蓉藂未發爲藺。藺，从艸閻。作菡，非。徒感切。	20上	艸	1下	34
0705	藕		上聲	藕，芙蕖根也，从艸水禺。別作藕，非。五厚切。	20下	艸	1下	35
1189	芍		入聲	芍，从艸勺，蓮其中也。別作菂，非。又胡了切，鳬茈也。又時灼切，藥名也。又七略切，陂名，在宋。	20下	艸	1下	35
0367	茵		下平	茵，貝母也，从艸，朙省。別作莔，非。武庚切。	21上	艸	1下	36
0172	菭		上平	菭，水衣也，从艸治。別作苔，非。	22上	艸	1下	37
0713	葚		上聲	葚，桑實也，从艸甚。別作椹，非。常荏切。	21下	艸	1下	37
0279	茉		下平	茉，菜也，从艸末。別作椒，非。子寮切。	21下	艸	1下	37

0378	萌		下平	萌，艸牙也，一曰心所在。別作蕄蕄， 竝非。莫耕切。	22上	艸	1下	38
0375	莖		下平	莖，枝柱，从艸坙。又顓帝樂名。別作誙， 非。戶耕切。	22上	艸	1下	38
0371	英		下平	英，艸榮而不實者，一曰帝嚳樂名。从 艸央。別作䔰，非。於京切。	22上	艸	1下	38
0355	芒		下平	芒，艸耑也，从艸亾。又芠芠，廣大皃。 又蒼芒也。別作茫忙，竝非。武方切。	22下	艸	1下	39
0802	蔕		去聲	蔕，瓜當也，从艸帶。別作蒂，非。都 計切。	22下	艸	1下	39
1010	蔭	廕	去聲	蔭，艸陰也，从艸陰。別作廕，非。於 禁切。	22下	艸	1下	39
0753	蒔		去聲	蒔，更別種也，从艸時。別作待蒔待，竝 非。時吏切。	23上	艸	1下	40
0870	薉		去聲	薉，蕪也，从艸歲。別作穢，非。於廢 切。	23上	艸	1下	40
1140	落		入聲	落，艸木凡皮葉落隊地爲落，从艸洛。 別作萚，非。	23下	艸	1下	41
0591	薀		上聲	薀，積也，从艸溫。別作蘊，非。於殞 切。	23下	艸	1下	41
1142	薄		入聲	薄，林薄簾薄也，从艸溥。別作箔，非。 旁各切。	23下	艸	1下	41
1071	苾		入聲	苾，馨香也，从艸必。或作飶。別作馝馜， 非。毗必切。	24上	艸	1下	42
0914	荐		去聲	荐，薦席也，从艸存，一曰再也。別作 洊，非。才甸切。	24上	艸	1下	43
1124	蕝		入聲	蕝，朝會束茅表位曰蕝，从艸絕。作蕞， 非。子說切。	24下	艸	1下	43
0840	蓋		去聲	蓋，苫也，从艸盍。俗作从去，非。古 太切，文二。	24下	艸	1下	43
0762	蘱		去聲	蘱，煎茱萸也，从艸頪。別作藗，非。	24下	艸	1下	43
0125	芻		上平	芻，刈艸也，象包束艸之形。別作剹芻莝， 竝非。窻俞切。	25上	艸	1下	44
0935	莜		去聲	莜，艸田器也，从艸，條省。別作蓧俗， 徒弔切。	25上	艸	1下	44

0188	茵	上平	茵,車重席也,从艸因。或作鞇。別作絪,非。於眞切,文二。	25上	艸	1下	44
0735	萎	去聲	萎,食牛也,从艸委,於僞切。別作餧,音奴罪切,飢兒也。	25上	艸	1下	44
0533	苣	上聲	苣,束葦燒也,从艸巨。別作炬,非。	25下	艸	1下	45
0516	菌	上聲	菌,糞也,从艸,胃省。別作屎,非。式視切。	25下	艸	1下	45
0159	薶	上平	薶,瘞也,从艸貍。別作埋,非。莫皆切。	25下	艸	1下	45
0006	蒙	上平	蒙,艸名,王女也,从艸冡。別作蒙,非。莫紅切,文三。	26上	艸	1下	46
0130	荼	上平	荼,苦荼也,早采爲荼,晚采爲茗,此即今之茶字。	26下	艸	1下	47
0655	皁	上聲	皁,斗櫟實也,一曰象斗子,从艸早,自保切。俗以此爲艸木之艸。別作皁字,爲黑色之皁。案:櫟實可染帛爲黑色,故通用爲草棧字。俗書皁,从白从十,或从白从七(匕),皆無意義,無以下筆。	27上	艸	1下	47
0224	菆	上平	菆,麻烝也,一曰蓐也,从艸取。案:《周禮》爲塗菆字。別用攢,非。又側鳩切。	27上	艸	1下	48
1045	蓐	入聲	蓐,陳艸復生也,从艸辱,一曰蔟也。別作褥,非。而蜀切。	27下	艸	1下	48
			說文第十四蓐部				
0784	莫	去聲	莫,日且冥也,从日在茻中。別作暮,非。莫故切。	27下	茻	1下	48
			說文第十六八部				
0851	介	去聲	介,畫也,从八,从人。俗別作个。字書所無,不知所从,無以下筆。明堂左右个者。明堂,旁室也,當作介,古拜切,文二。	28上	八	2上	49
0112	余	上平	余,語之舒也,从八舍省,以諸、成遮二切。別作佘,非。文二。	28下	八	2上	50
			說文第十七釆部				
1183	釋	入聲	釋,解也,从釆,从睪,一曰說也。別作懌,非。賞職切。又羊益切。	28下	釆	2上	50

			說文第十九牛部				
0438	牟		下平	牟，牛鳴也，从牛，象其聲气从口出。隸作牟，从厶，非。又目童子謂之牟。別作眸，非。文二。	29下	牛	2上	52
0288	牢		下平	牢（牢），閑養牛馬圈也，从牛，冬省。隸作牢，从宀，非。魯刀切。	29下	牛	2上	52
0425	犨		下平	犨，牛息聲，一曰牛名，从牛雔。別作犫，非。赤周切。	29下	牛	2上	無
0560	牴		上聲	牴，觸也，从牛氐。別作觝，非。都礼切。	29下	牛	2上	53
			說文第二十二口部				
0917	咽		去聲	咽，嗌也。又吞也，从口因。別作嚥，非。又於前切。	30下	口	2上	55
0474	嗛		下平	嗛，口有所銜也，从口兼。別作䶎，非。戶監切。	31上	口	2上	55
0388	名		下平	名，自命也，从口夕，一曰記也。後人別作銘俗，武并切。	31下	口	2上	57
0056	咨		上平	咨，謀也，从口次。別作諮，非。即移切，文二。	32上	口	2上	57
0520	唯		上聲	唯，諾也，从口佳。別作惟，非。以水切。	32上	口	2上	57
0351	唐		下平	唐，大言也，从口庚，一曰隄也。別作塘俗。徒郎切。	33上	口	2上	59
0419	噯		下平	噯，語未定兒，从口憂，一曰歐噯，气逆也。《老子》：終日號而不噯。別作歔嘔，竝非。	33上	口	2上	59
0722	啖		上聲	啖，噍啖也，从口炎。別作噉，非。徒敢切。又作啗，音徒監切。	33上	口	2上	59
0967	吒		去聲	吒，噴也，叱怒也，从口毛。別作咤，非。陟駕切。	33下	口	2上	60
0123	吁		上平	吁，驚也，从口于。又覒也。殷曰吁。別作訏哼，竝非。況于切。	33下	口	2上	60
1171	嘖		入聲	嘖，大呼也，从口責。或从言。別作謮，从臣，非。士革切。	34上	口	2上	60
0879	吝		去聲	吝，恨惜也，从口文。別作悋恡嗇，竝非。	34上	口	2上	61

編號	篆	篆	聲	釋文	說文	部		頁
0140	嘑		上平	嘑，號也，从口虍。別作嘷，非。杜兮切，文二。	34下	口	2上	61
0155	咼		上平	咼，口戾不正也，从口冎。別作喎齵，竝非。苦媧切。	34下	口	2上	61
0538	噳		上聲	噳，麋鹿羣口相聚皃，从口虞。別作麌，非。魚矩切。	35上	口	2上	62
1048	局		入聲	局，促，从口在尺下復局之，人無涯者唯口，故口在尺下爲局。別作侷跼，竝非。渠錄切。	35上	口	2上	62
				說文第二十四吅部				
0202	吅		上平	吅，驚呼也，从二口，通用讙。別作喧，非。	35下	吅	2上	63
1145	㗊		入聲	㗊，譁訟也，从吅屰。別作誩哥，竝非。五各切，文六。	35下	吅	2上	63
0219	單		上平	單，大也，从吅甲。吅聲甲闕。都寒切。又上演切。別作単，非。	35下	吅	2上	63
				說文第二十六走部				
0709	走		上聲	走，趨也，从夭止。夭，止者屈也。隸作走俗，子苟切。	35下	走	2上	64
0778	赴		去聲	赴，趨也，从走，仆省。別作訃，非。芳遇切。	35下	走	2上	64
0953	趮	趮	去聲	趮，疾也，从走喿。別作躁，非。則到切。	36上	走	2上	64
0121	趯		上平	趯，走顧皃，从走瞿。別作趨，非。	36下	走	2上	65
0264	趲		下平	趲，行趲逶也，一曰行曲脊皃，从走蠿。別作趲，非。	37下	走	2上	66
0510	趌	趌	上聲	趌，半步也，从走圭。別作跬，非。丘弭切。	37下	走	2上	66
1062	趩		入聲	趩，止行也，从走畢。別作躍，非。	37下	走	2上	67
				說文第二十七止部				
0526	峙		上聲	峙，躇也。又具也，从止寺。別作跱峙，竝非。直里切。又直离切。	38上	止	2上	68
0534	歫		上聲	歫，止也，一曰搶也，一曰超也，从止巨。別作拒，非。	38上	止	2上	68

0233	歬	下平	歬，不行而進謂之歬，从止在舟上。隸作前，昨先切。	38上	止	2上	68
1192	歷	入聲	歷，過也，从止厤，一曰象也。別作曆，从日，後人所加。郎擊切。	38上	止	2上	68
1211	歰	入聲	歰，不滑也，从四止。或作澀同。別作澁，非。色立切。	38上	止	2上	68
0786	步	去聲	步，行也，从止屮相背，屮音撻。別作步，从少，非。薄故切。	38下	止	2上	69
			說文第二十九步部				
0812	歲	去聲	歲，木星也，越曆二十八宿，宣徧陰陽，十二月一次，从步戌。別作歳歳歳，竝非。相銳切。	38下	步	2上	69
			說文第三十二是部				
0620	尟	上聲	尟，是少也，从是少。別作尠，非。	39上	是	2下	70
			說文第三十三辵部				
1190	適	入聲	適，親也，从辵啻。別作嫡，雖同音，訓孎也。又施隻切，之也。別作嫡，从女，非。	39下	辵	2下	71
0039	逢	上平	逢，遇也，从辵，夆省。別作逢，非。符容切。又步江切。	40上	辵	2下	72
0798	遌	去聲	遌，遇也，从辵㖾。別作迕啎，並非。又五各切，相遇驚也。	40上	辵	2下	72
1146	遌	入聲	遌，相遇驚也，从辵㖾。別作愕遻，並非。又五故切。	40上	辵	2下	72
0245	遷	下平	遷，登也，从辵㠾。別作迁遷，竝非。七然切。	40下	辵	2下	72
0868	逮	去聲	逮，唐逮及也，从辵从隶。或作迨同。別作遝，音盧谷切。	40下	辵	2下	73
0509	迤	上聲	迤，衺行也，从辵，从也。別作迆，非。移尒切。	41上	辵	2下	73
0501	邇	上聲	邇，近也，从辵爾。別作迩，非。兒氏切。	41下	辵	2下	75
0323	迦	下平	迦，互令不得行也，从辵枷。別作迦俗。	42上	辵	2下	75

				說文第三十四彳部				
0681	徃		上聲	徃，之也，从彳坒，坒音汪。隸作往俗，羽兩切。	43上	彳	2下	76
0277	徼		下平	徼，循也，从彳敫。別作邀，非。又於宵切。	43上	彳	2下	76
0985	徑	徑	去聲	徑，步道也，从彳巠。別作逕，非。居正切。	43下	彳	2下	76
0031	徉		上平	徉，使也，从彳夆。別作徝，非。	43上	彳	2下	77
0317	徦		下平	徦，至也，从彳叚，一曰遠也。後人別作退。又古雅切。	43下	彳	2下	77
0859	復		去聲	復，却也，一曰行過也，从彳，从日，从夊。或作納同。隸作退俗，他内切。	43下	彳	2下	77
0927	徧		去聲	徧，帀也，从彳扁。別作遍，非。比見切。	43下	彳	2下	77
0882	徇		去聲	徇，行示也，从彳匀，一曰求也、順也、歸也。別作殉徇，竝非。詞閏切。	43下	彳	2下	77
0767	御		去聲	御，使馬也，从彳卸。或作馭同。別作御，从缶，非。牛據切。	43下	彳	2下	78
				說文第三十七行部				
0025	衝		上平	衝，通道也，从行童。別作衝，非。昌容切。	44上	行	2下	78
0918	衒		去聲	衒，行且賣也，从行言。或作衒。別作賟，非。黃絢切。	44上	行	2下	78
0819	衛	衛	去聲	衛，宿衛也，从韋帀，从行。隸作衛俗，于歲切。	44上	行	2下	79
				說文第三十八齒部				
0880	齔		去聲	齔，毀齒也，男八月生，八歲而齔，女七月生，七歲而齔，从齒七。別作齓，非。初覲切。	44下	齒	2下	79
0055	齹		上平	齹，齒參差也，从齒差。別作齹，非。	44下	齒	2下	無
0646	齩		上聲	齩，齧也，从齒交。別作咬，非。五巧切。	45上	齒	2下	80
0091	齝		上平	齝，吐而噍也，从齒台。別作齝，非。丑之切。	45上	齒	2下	80

				說文第三十九牙部				
0324	㝅		下平	牙，牡齒也，象上下相錯之形，一曰古者軍行有牙尊者所在，後人因以所治爲牙。今別用衙，非。五加切。	45下	牙	2下	81
				說文第四十足部				
0780	足		去聲	足，人之足也，在下，從止口，即玉切。又遵遇切，一曰足恭便僻皃。別作跂，非。	45下	足	2下	81
0141	𨂝		上平	踈，足也，從足虎。別作蹄，非。	46上	足	2下	81
0071	踦		上平	踦，一足也，從足奇。又旅寓也。別作羇，非。去奇切。	46上	足	2下	81
0117	躍		上平	躍，行皃，從足瞿。別作躍，非。	46上	足	2下	82
0494	踊		上聲	踊，跳也，從足甬。別作蹑，非。	46下	足	2下	82
0143	躋		上平	躋，登也，從足齊。別作隮，非。	46下	足	2下	82
1027	蹴		入聲	蹴，躡也，迫也，從足就。後人別作蹵，七宿切。	46下	足	2下	82
1214	蹋		入聲	蹋，踐也，從足冔。別作踏，非。徒合切。	46下	足	2下	82
0836	跟		去聲	跟，步行獵跋也，從足貝。別作狽，非。博盖切。	47上	足	2下	83
0635	蹇		上聲	蹇，跛也，從足，寒省。別作謇，非。九輦切，文二。	47下	足	2下	84
1176	蹐		入聲	蹐，小步也，從足，從脊。別作踖，非。	47下	足	2下	84
0118	跔		上平	跔，天寒足跔，從足句。別作跼，非。	47下	足	2下	84
0502	躧		上聲	躧，舞履也，從足麗。或作纚同。別作蹝，非。所綺切，文二。	47下	足	2下	84
0756	跰		去聲	跰，跰也，從足，非。別作荆，非。扶味切，文四。	48上	足	2下	84
0066	跂		上平	跂，足多指也，從足支。別作歧，非。巨移切。	48上	足	2下	85

			說文第四十二品部				
0952	喿	去聲	喿，羣鳥鳴也，从品在木上。別作噪，非。穌到切。	48下	品	2下	85
			說文第四十五㗊部				
0746	器	去聲	器，皿也，象器之口，犬所以守之，作噐，非。去冀切。	49下	㗊	3上	87
			說文第四十九只部				
0334	商	下平	商，从外知內也，从㕯，章省。別作商，非。式陽切。	50上	只	3上	88
			說文第五十一句部				
0442	句	下平	句，曲也，从口丩。別作勾，非。古矦切。又古候、九遇二切。	50上	句	3上	88
			說文第五十二丩部				
0711	糾	上聲	糾，繩三合也，从糸丩。別作糺，非。居黝切。	50下	丩	3上	89
			說文第五十四十部				
1141	博	入聲	博，大通也，从十，从尃。別作愽，从心，非。補各切。	50下	十	3上	89
			說文第五十六言部				
1020	讖	去聲	讖，驗也，釋書一曰悔過也，从言韱。別作懺，非。人鑑切。又楚蔭切。	51下	言	3上	91
0777	諭	去聲	諭，告也，从言俞，一曰曉也。別作喻，非。羊戍切。	51下	言	3上	91
0750	識	去聲	識，記也、常也、知也，从言戠。別作誌俗，職利切。	52上	言	3上	92
0274	䚻	下平	䚻，徒歌也，从言肉。別作謠，非。	52下	言	3上	93
1126	說	入聲	說，釋也，从言兌，一曰談說。別作悅，非。弋雪、失爇二切。	53上	言	3上	94
0856	話	去聲	話，合會善言也，从言昏，籀文从言會。別作話，从舌者，非。胡快切。	53上	言	3上	94
0923	諺	去聲	諺，傳言也，从言彥。別作喭，非。魚變切。	53下	言	3上	95
0871	訒	去聲	訒，頓也，一曰識也，从言刃。別作認，非。而振切。	54上	言	3上	96

0296	訑		下平	訑，欺也，从言它。別作訑訑，竝非。徒何切，文三。	54上	言	3上	96
0966	詐		去聲	詐，慙語也，从言作。別作諎，非。	54上	言	3上	97
0094	詒		上平	詒，相欺詒也，一曰遺也。別作貽俗。	54下	言	3上	97
0863	詯		去聲	詯，膽气滿聲，从言自。別作諙，非。	55上	言	3上	98
0822	詍		去聲	詍，多言也，从言世。或作呭同。別作誽嘒，竝非。余制切，文六。	55上	言	3上	98
0470	訮		下平	訮訮多語也，从言幵。別作喃，非。	55上	言	3上	98
0796	誤		去聲	誤，謬也，从言吳。別作悞，非。五故切，文三。	56上	言	3上	98
0702	訽		上聲	訽，扣也，如求婦先訽叕之，一曰訽。訽，笑也，从言口。別作叩，非。苦后切。	55下	言	3上	99
0306	譌		下平	譌，譌言也，从言爲。別作訛，非。五何切。	56上	言	3上	99
0330	譻		下平	譻，咨也，从言䜌。別作嗟，非。子邪切。	56上	言	3上	100
0175	謓		上平	謓，恚也，从言眞，昌意切。別作嗔，非。嗔他年切。	56下	言	3上	100
0149	斯		上平	斯，，非聲也，从言，斯省。別作嘶，非。先稽切。	57上	言	3上	101
0519	譶		上聲	譶，禱也，从言畾。或作讄同。別作誄，非。	57下	言	3上	101
0741	諡		去聲	諡，行之迹也，从言兮皿，俗作謚，非。神至切。別作謚，音伊昔切。又呼狄切。	57下	言	3上	102
				說文第五十七誩部				
0984	競	競	去聲	競，彊語也，一曰逐也，从誩二人。隸作競，渠慶切。	58上	誩	3上	102
				說文第五十八音部				
0689	竟		上聲	竟，彊也，一曰樂曲盡爲竟。後人別作境俗。又居慶切。	58上	音	3上	103
0885	韻	韻	去聲	韻，味也，从音員。裴光遠云：古與均同。別作韵，非。王問切。	58上	音	3上	無

			說文第六十丵部				
0014	叢		上平	叢，聚也，从丵取。別作藂，非。徂紅切，文二。	58下	丵	3上	103
0858	對		去聲	對，䚕無方也，从丵，从口，从寸，漢文帝以爲責對，而爲言多，非，誠對。故去其口，以从士也，都隊切。	58下	丵	3上	103
			說文第六十二廾部				
0491	奉		上聲	奉，承也，从手廾，从丰。別作捧俸，竝非。扶勇、撫勇、房用三切。	59上	廾	3上	104
			說文第六十七臼部				
0278	要		下平	要，身中也，象人要，似臼之形，从臼省，借爲玄要之要。別作腰，非。於宵切。又於笑切。	60上	臼	3上	106
			說文第六十九爨部				
0884	釁		去聲	釁，血祭也，从爨省，从酉。酉，所以祭也。从分，分布。別作衅璺釁，竝非。虛振切。又文運切，王器破也。	60上	爨	3上	106
			說文第七十革部				
0503	鞄		上聲	鞄，鞮屬，从革徙。別作屣，非。	61上	革	3下	109
0154	鞵		上平	鞵，革生鞮也，从革奚。別作鞋，非。戶佳切。	61上	革	3下	109
1212	鞥		入聲	䩞，小兒履也，从革及。別作屐，非。穌合切。	61下	革	3下	109
0740	鞱		去聲	鞱，蓋杠絲也，从革旨。別作鞊，非。	61上	革	3下	110
0618	鞙		上聲	鞙，大車縛軛靶也，从革肙，一曰佩玉皃。別作琄鞙，竝非。胡犬切。	61下	革	3下	111
0628	鞠		上聲	鞠，勒靶也，从革面。別作靼，非。	61下	革	3下	111
0313	鞻		下平	鞻，鞮屬，从革婁。別作靴，非。許臠切。	62上	革	3下	無
			說文第七十一鬲部				
0303	鬴	𩰲	下平	鬴，秦名，土釜曰鬴，从鬲，从牛。別作鍋，非。古禾切，文二。	62下	鬲	3下	112

				說文第七十二�部				
0063	粥		上平	䰞，䭈也，从�米，武悲切。今別作粥，音之六切。以�音余六切，訓賣也。別以麋爲䭈麋字誤。麋，鹿屬也。	62下	�	3下	113
0640	 𩞁		上聲	𩞁，熬也，从�芻。別作炒煼麨，竝非。尺沼切。	63下	�	3下	113
				說文第七十四丮部				
0814	 埶		去聲	埶，盛力權也，一曰種也，从坴丮，持而種之，一曰技能也。別作勢蓺藝，竝非。始制、魚祭二切。	63下	丮	3下	114
1029	 𩝦		入聲	𩝦（𩝦），食飪也，从丮�章。別作熟，非。	63下	丮	3下	114
				說文第七十五鬥部				
1006	 鬥		去聲	鬥，兩士相對，兵杖在後，象鬥之形。或作鬦，从鬥斲，遇也。別作鬬，从斲，非。都豆切。	63下	鬥	3下	115
0566	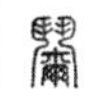 鬮		上聲	鬮，智少力劣也，从鬥（大爾徐从鬥）。別作閞，非。鬥，音都豈切。	63下	鬥	3下	115
0957	 鬧		去聲	鬧，不靜也，从㲋从鬥。別作奣閙，竝非。奴教切。	64上	鬥	3下	無
				說文第七十六又部				
0153	 又		上平	又，手之指相錯也，从又象叉之形。又笄屬也。後人別作釵俗。楚佳、初牙二切。	64上	又	3下	116
0708	 叜		上聲	叜，老也，从又，从宀。或作傁同。別作叟，非。穌厚切。	64上	又	3下	116
1233	 燮		入聲	燮，和也，从炎，从又，燮省。別作爕，非。穌叶切，文二。	64上	又	3下	116
				說文第七十七ナ部				
0658	 ナ		上聲	ナ，手也，象形，臧可切。別作左，音則箇切。	65上	ナ	3下	117
				說文第七十九支部				
0090	 攲		上平	攲，持去也，从支奇。別作敧，非。去奇切。	65上	支	3下	118

				說文第八十二畫部				
0846	畫		去聲	畫，界也，象田四界，聿所以畫之。別作畵，非。胡卦切。又胡麥切。	65下	畫	3下	118
				說文第八十四豈部				
0545	豎		上聲	豎，立也，从豈豆。別作竪，非。臣庾切。	65下	豈	3下	119
				說文第八十五臣部				
0354	臧		下平	臧，善也、匿也，从臣戕。別作臟，非。又作藏俗。則郎切。又昨郎切。	66上	臣	3下	119
				說文第八十六殳部				
0703	毆		上聲	毆，捶擊物也，从殳區，烏后切。別作敺，从攴，古文驅字。文二。	66上	殳	3下	120
0906	段		去聲	段，椎物也，从殳，耑省。今作叚，音古雅切，譌。	66下	殳	3下	121
0761	毅		去聲	毅，妄怒也，从殳豙。又有決也。別作穀，非。魚旣切，文二。	66下	殳	3下	121
				說文第八十七殺部				
0855	殺		去聲	殺，戮也。又疾也，从殳杀。別作斷煞，竝非。所介切。	66下	殺	3下	121
				說文第八十八几部				
0114	鳧		上平	鳧，舒鳧鶩也，从鳥几。俗作鳬，从几，非。房無切。	66下	几	3下	122
				說文第八十九寸部				
0444	尋		下平	尋，繹理也，从工口又寸彡工，口亂也。又寸分理之也。又度人兩臂爲尋，八尺也。別作尋，非。徐林切。	67上	寸	3下	122
0110	尃		上平	尃，布也，从寸甫。別作尃，非。芳無切，文二。	67上	寸	3下	122
				說文第九十皮部				
0603	皯		上聲	皯，面黑气也，从皮干。別作野皯，竝非。古旱切。	67上	皮	3下	123
				說文第九十二攴部				
1128	徹		入聲	徹，通也，从彳，从攴，从育，一曰車迹也。別作轍，非。又直列切。	67下	攴	3下	123

0439	𣏟	下平	秩，彊也，北燕之外，相勉努力謂之秩，从攴矛。作勅，非。又凶遇切。	67下	攴	3下	123
0943	𣀷	去聲	效，象也，从攴交。別作効傚，竝非。胡教切。	67下	攴	3下	124
0049	𣀷	上平	攱，載也，从攴也。別作𣀷攱，竝非。	67下	攴	3下	124
0895	𣀷	去聲	𣀷，止也，从攴旱。別作𣀷，非。	68上	攴	3下	124
1198	𣀷	入聲	敕，誡也，𠬝地曰敕，恥力切，世以勒爲敕字行之已久。勒，洛代切。	68上	攴	3下	125
1018	𣀷	去聲	斂，收也，从攴僉，一曰衣死也。別作殮，非。力驗切。又良冉切。	68上	攴	3下	125
0876	𣀷	去聲	𣀷，列也，从攴陳，通用陳字。別作陣，非。直刃切。	68上	攴	3下	125
0414	攸	下平	攸，行水也，从攴，从人，水省。別作𣀷，从丨，非。修等字皆从攸。	68下	攴	3下	125
0215	𣀷	上平	𣀷，怒也、詆也、大也、勉也。又一成爲敦，立江東呼地高堆爲𣀷。別作墩，非。都昆切。	68下	攴	3下	126
1108	𣀷	入聲	𣀷，塞也，从攴念。別作捏，非。乃結切。又奴叶切。	69上	攴	3下	126
1008	𣀷	去聲	敂，擊也，从攴句，苦候切。別作扣，非。扣音苦后切。牽馬也。	69上	攴	3下	126
0433	𣀷	下平	𣀷，棄也，从攴哥。《周書》以爲討，《詩》云：無我𣀷兮。別作𣀷，非。市流切。	69上	攴	3下	127
			說文第九十四卜部				
0144	卜	上平	卜，卜以問疑也，从口卜。別作乩，非。古分切。	69下	卜	3下	128
1015	占	去聲	占，視兆問也，从卜，从口，一曰固有也。別作佔，非。章豔切。又職廉切。	70上	卜	3下	128
			說文第九十五用部				
0987	甯	去聲	甯，所願也，从用，寍省。別作寗，非。乃定切。	70上	用	3下	129
			說文第九十八𦣞部				
0196	𣋿	上平	（𣋿）低目視也。又鄉名，从𦣞門。別作𣋿𣋿，竝非。	70下	𦣞	4上	131

				說文第九十九目部				
1222	䀹		入聲	䀹，目旁毛也，从目夾。別作睫，非。子葉切，文二。	71上	目	4上	131
0911	盼		去聲	盼，《詩》：美目盼兮。从目，从分，匹莧切。別作眄，音胡計切，譌。	71上	目	4上	132
0924	睊		去聲	睊，顧也，从目关。別作踡，非。居倦切，文三。	72下	目	4上	135
1042	督		入聲	督，察也，一曰目痛，从目叔。別作督，非。冬毒切。	72下	目	4上	135
0235	瞑		下平	瞑，翕目也，从目，从冥。別作眠，非。武延切。	72下	目	4上	135
0302	瞾		下平	瞾，目小也，从目聖，元首叢脞。叢脞，猶細碎也。別作脞，非。	73下	目	4上	137
0872	瞚		去聲	瞚，開闔目數搖也，从目寅。別作瞬，非。舒閏切。	73下	目	4上	137
0727	瞼		上聲	瞼，上下目瞼也，从目僉。別作臉，非。居奄切。	73下	目	4上	無
				說文第一百零二盾部				
1085	瞂		入聲	瞂，盾也，从盾犮。別作瞂，非。	74上	盾	4上	138
				說文第一百零五鼻部				
0994	齅		去聲	齅，以鼻就臭，从鼻从臭。別作嗅，非。許救切。	74下	鼻	4上	139
				說文第一百零八羽部				
0810	翄		去聲	翄，羽之翄風，亦古諸侯，一曰射師，从羽幵。別作羿，非。五計切。	75上	羽	4上	140
0775	翥		去聲	翥，飛舉也，从羽者。別作蠤，非。章庶切。	75上	羽	4上	140
0955	翳		去聲	翳，翳也，所以舞也，从羽从殹。別作翿翿，竝非。徒到切。	75下	羽	4上	142
				說文第一百零九隹部				
0327	雅		下平	雅，楚烏也，从隹牙。別作鴉鵶，竝非。烏加切。又五下切。	76上	隹	4上	142
0069	雟		上平	雟，周燕也，从隹中冏。別作巂鴂，竝非。又戶圭切。	76下	隹	4上	142

0059			上平	離，黃倉庚也，从隹离。別作鸝，非。呂支切，文二。	76下	隹	4上	144
0078			上平	䧑，鵻也，从隹氐。別作鵄，非。處脂切。	76下	隹	4上	144
0032			上平	雝，雝鸈也，从隹邕。別作雍噰嗈，竝非。於容切，文三。	76下	隹	4上	144
				說文第一百一十奞部				
1099			入聲	奪，手持隹失之也，从又，从奞。別作奪奪，並非。徒活切。	77上	奞	4上	145
				說文第一百一十一萑部				
1163			入聲	蒦，規蒦商也，从又持萑，一曰視遽皃，一曰蒦度也。或作彠同。別作矱，非。乙虢切。	77下	萑	4上	146
0909			去聲	雚，小爵也，从萑吅。別作鸛，非。工奐切。	77下	萑	4上	146
0997			去聲	舊，雖舊。舊，留也。从萑臼，一曰故也。或作鵂同。別作舊奮，竝非。巨救切。	77下	萑	4上	146
				說文第一百一十二丫部				
0676			上聲	丫，羊角也，象形。別作丱，音慣，束髮皃。義當用丱。	77下	丫	4上	146
				說文第一百一十四羊部				
0514			上聲	芈，芈鳴也，从羊象聲，气與牟同意。別作咩，非。緜婢切。	78上	羊	4上	147
0345			下平	羌，西戎牧羊人，从人羊。別作羗，非。去羊切。	78下	羊	4上	148
				說文第一百一十七雔部				
0043			上平	雙，隹二枚也，从雔又持之。作雙䨇，竝非。所江切。	79上	雔	4上	149
				說文第一百一十九鳥部				
0406			下平	朋，古鳳字，鳳飛羣鳥，從以萬數，故以爲朋黨字。隸作朋，步朋切，文二。	79上	鳥	4上	149
0407			下平	鵬，亦古文鳳字。隸作鵬字。	79上	鳥	4上	150

0338			下平	鵝，鸕鵝也，从鳥喪。別作鴽，非。所莊切。	79下	鳥	4上	150
0774			去聲	鷽，鳥名，卑居也，从鳥與。別作鸒，非。	80上	鳥	4上	151
1193			入聲	鶂，鳥也，从鳥兒。或作鷊同。別作鶃鷁，非。五歷切。	81下	鳥	4上	155
0261			下平	鳶，鷙鳥也，从鳥屰。別作鳶鵉，竝非。與專切。又五各切。	81下	鳥	4上	155
1150			入聲	鳶，鷙鳥也，从鳥屰。又與專切。別作鶚鳶，並非。	81下	鳥	4上	155
0104			上平	鴡，王鴡也，从鳥且。別作雎，非。	81下	鳥	4上	156
0372			下平	鶯，鳥也，从鳥，榮省。別作鸎，非。烏莖切，文二。	82上	鳥	4上	156
0116			上平	鴝，鵒也，从鳥句。別作鸜，非。	82上	鳥	4上	156
0543			上聲	鵡，鸚鵡能言鳥也，从鳥母。別作鵡，非。文甫切。	82上	鳥	4上	157
1005			去聲	彀，鳥子生哺者，从鳥殼。別作鷇，竝非。口豆切。	82下	鳥	4上	158
				說文第一百二十烏部				
0133			上平	烏，孝鳥也，象形。別作鳴，非。哀都切。	82下	鳥	4上	149
1131			入聲	舄，誰也，象形。或作雒同。別作鵲，非。七雀切。	82下	鳥	4上	158
				說文第一百二十一華部				
1061			入聲	畢，田罔也，从華，象形。別作畢，非。卑吉切，文六。	83下	華	4下	160
				說文第一百二十七予部				
0913			去聲	ㄠ(去)，相詐惑也，从反予。隸作幻，胡辦切。	84上	予	4下	162
				說文第一百二十八放部				
0679			上聲	放，效也、逐也，从攴方。別作倣，非。	84下	放	4下	162
				說文第一百二十九受部				

0643	受		上聲	受，物落上下相付也，一曰餓死曰受，从爪又。別作殍荽荸，竝非。平小切。	84下	受	4下	162
				說文第一百三十叡部				
0829	叡		去聲	叡，深明也，通也，从奴，从目，从谷省。或作睿同。別作睿，非。以芮切。	85上	奴	4下	163
				說文第一百三十三冎部				
0675	冎		上聲	冎，剔人肉置其骨，象形。別作剮，非。古瓦切，文二。	86上	冎	4下	166
				說文第一百三十四骨部				
0234	骿		下平	骿，并脅也，从骨并。又骿胝也。別作胼跰，竝非。部田切。	86下	骨	4下	167
0674	髁		上聲	髁，髀骨也，从骨果。別作骻，非。苦瓦切。	86下	骨	4下	167
0585	髕		上聲	髕，厀耑也，从骨賓。別作臏，非。毗忍切。	86下	骨	4下	167
0507	髓		上聲	髓，骨中脂也，从骨隨。別作髓，非。息委切。	86下	骨	4下	168
0561	體		上聲	體，總十二屬也，从骨豊。別作軆躰，竝非。土禮切。	86下	骨	4下	168
				說文第一百三十五肉部				
1031	肉		入聲	**肉**，胾肉也，象形，隸作肉俗。別作宍，非。而六切，文三。	87上	肉	4下	169
0168	肧		上平	肧，婦孕一月也，从肉不。別作胚，非。	87上	肉	4下	169
0185	脣		上平	脣，口耑也，从肉辰，食倫切，古作顧。別作唇，非。唇，音側鄰切。	87上	肉	4下	169
0763	胃		去聲	胃，穀府也，从囝，从肉，象形。隸作胃，从田，非。云貴切，文二。	87上	肉	4下	170
0047	胑		上平	胑，體四胑也，从肉只。或作肢，別作躯，竝非。章移切。	88上	肉	4下	172
0115	臞		上平	臞，少肉也，从肉瞿。俗作癯，非。其俱切，文七。	88下	肉	4下	173
0577	胗		上聲	胗，脣瘍也，从疒㐱。古作胗，之忍切。別作疹。又音丑刃切，非。文二。	88下	肉	4下	173

1175	臏		入聲	臏，瘦也，从肉脊。別作瘠，非。	88下	肉	4下	173
0079	胝		上平	胝，腫也，从肉氐。別作疷胝，竝非。張尼切。	88下	肉	4下	173
0410	肬		下平	肬，贅也，从肉尤。別作疣，非。羽求切。	88下	肉	4下	173
1217	臘		入聲	臘，冬至後三戌也，从肉巤。別作蠟鑞，非。盧合切。	88下	肉	4下	174
0790	胙		去聲	胙，祭福肉也，从肉乍。別作祚，非。昨誤切。	89上	肉	4下	174
0622	膳		上聲	膳，具食也，从肉善。別作饍，非。常衍切，文二。	89上	肉	4下	174
0281	肴		下平	肴，啖也，从肉爻。別作餚，非。胡茅切。	89上	肉	4下	175
0422	脩		下平	脩，脯也，一曰長也，从肉攸。別作饈翛，竝非。思邀切。又思留切。	89上	肉	4下	176
0430	鱐		下平	鱐，乾魚尾鱐鱐也。別作鱐，非。	89下	肉	4下	176
0600	膄		上聲	膄，切孰肉内於血中和也，从肉員。別作膜，非。穌本切。	89下	肉	4下	177
0843	膾		去聲	膾，細切肉也，从肉从會。別作鱠，非。古外切。	90上	肉	4下	178
1221	腌		入聲	腌，漬肉也，从肉奄。別作醃，非。於業切。	90上	肉	4下	178
0813	脃		去聲	脃，小奐易斷也，从肉，絕省。別作脆，非。此芮切。	90上	肉	4下	178
0103	胆		上平	胆，蠅乳肉中也，从肉且。別作蛆，非。	90下	肉	4下	179
0692	肎		上聲	肎，可也，从肉，冎省。別作肯，非。苦等切。	90下	肉	4下	無
0169	朘		上平	朘，赤子陰也，从肉㕙。或从血（朘）。別作屡，非。子回切。	90下	肉	4下	179
0042	腔		上平	腔，肉空也，从肉空。別作羫，非。苦江切。	90下	肉	4下	無
0192	筋		上平	筋，肉之力也，从力，从肉，从竹。別作觔，非。居銀切。	91上	肉	4下	180

				說文第一百三十七刀部				
0292	𠚣		下平	刀，兵也。別作鴻舠刁，竝非。都牢切。又丁聊切。	91上	刀	4下	180
1149	𨤙		入聲	劋，刀劍刃也，从丣。別作鍔，非。	91上	刀	4下	180
0725	𤉗		上聲	剡，銳利也，从刀炎。別作掞，非。以冉切，文二。	91上	刀	4下	180
0900	𠛱		去聲	判，分也，从刀半。別作拌拚，竝非。普半切，文二。	91下	刀	4下	182
0152	𠜱	𠝧	上平	刲，刺也，从刀圭。別作劃搟，竝非。苦圭切。	92上	刀	4下	183
1016	𠛸		去聲	刮，缺也，从刀占。《詩》曰：白圭之刮。別作玷，非。丁念切，文二。	92下	刀	4下	184
0888	𦥑		去聲	券，契也，从刀关。別作劵，从力，非。去願切。	92下	刀	4下	184
0733	𠞟		去聲	刺，直傷也，从刀朿，君殺大夫曰刺。別作刾，非。七賜切。又作刾者，則音達盧切。	92下	刀	4下	184
1168	𠠇		入聲	劇，尤甚也，从刀豦。別作劇，非。渠力切。	93上	刀	4下	無
0336	𠚣		下平	刅，傷也，从刃，从一。刀有兩利者。或作創。別作瘡，非。楚良切。	93上	刃	4上	185
1019	𠝏		去聲	劒，人所帶兵也，从刃从僉，古或从刀。別作釰，非。居欠切。	93上	刃	4上	185
				說文第一百四十一耒部				
0197	耡		上平	耘，除田間薉也，从耒員。或作耺。別作耘，俗，羽文切。	93下	耒	4下	186
				說文第一百四十二角部				
1023	𧢲		入聲	角，獸角也，象形，漢四顥有角里先生。又東方音也。別作甪觮觻，竝非。又古岳切。	93下	角	4下	186
0263	𧤴		下平	觠，曲角也，从角类。別作頯，非。	93下	角	4下	187
0816	𧣪		去聲	觢，一角卬也，从角，挈省。別作挈，非。尺制切，文二。	93下	角	4下	187

0381	觲		下平	觲,用角低仰便也,从羊牛角。別作觲,非。息營切,文三。	94上	角	4下	187
0363	衡		下平	衡,牛觸橫大木,箸其角,从角大行。別作衡,从魚,非。戶庚切。	94上	角	4下	188
0508	觜		上聲	觜,識也、藏也。《玉篇》云:鳥喙也,从此朿,遵誄切。別作觜,音遵為切。鴟舊頭上觜角也,一曰星名,將支切。	94上	角	4下	188
1112	觼		入聲	觼,環之有舌者,从角矞。或作鐍。別作鈌,非。	94下	角	4下	188
1067	觱		入聲	觱,羌人所吹角屠,觱以驚馬,从蚉角。別作觱,非。	94下	角	4下	190
		說文第一百四十三竹部						
0639	筱		上聲	筱,箭屬,小竹也,从竹攸。別作篠,非。先杳切。	95上	竹	5上	191
0583	筍		上聲	筍,竹胎也,从竹旬。又筍虡所以縣鐘鼓也。別作笋筍箰簨,並非。思允切。	95上	竹	5上	191
0232	箋		下平	箋,表識書也,从竹戔。別作牋,非。則前切。	96上	竹	5上	193
0815	筮		去聲	筮,《易卦》用蓍也,从竹巫。巫,古文巫字。隸作筮,時制切。	96上	竹	5上	193
1138	籰		入聲	籰,收絲者也,从竹蒦。或作䈅同。別作籰,非。王縛切。	96上	竹	5上	193
0964	笮		去聲	笮,迫也,在瓦之下棼上,一曰酒笮也。別作醡榨,竝非。側駕、側格二切。	96上	竹	5上	193
0052	籭		上平	籭,竹器也,从竹麗。別作篩,非。所宜切。	96上	竹	5上	194
0285	籍		下平	籍,飯器也,从竹捎。別作筲,非。所交切。	96下	竹	5上	194
0771	箸		去聲	箸,飯攲也,一曰置也,附也,从竹者,陟慮切。又達倨切。又陟署切。又直署切。又陳如切。別作筋着著躇,竝非。	96下	竹	5上	195
0471	奩		下平	奩,鏡籢也,从竹斂。別作奩匲,竝非。力鹽切。	97上	竹	5上	195
0601	笔		上聲	笔,篅也,判竹圜以盛穀也,从竹,从屯。別作囤,非。徒損切。	97上	竹	5上	196

0256	𥠂		下平	𥠂，以判竹圜以盛穀也，从竹甾。別作圖，非。市緣切，文二。	97上	竹	5上	196
1022	𥰦		入聲	𥰦，竹高篋也，从竹鹿。或作籙同。別作盝，非。盧谷切，文二。	97上	竹	5上	196
0002	𥬲		上平	𥬲，斷竹也，从竹甬。別用筒，徒弄切，通簫也。	97上	竹	5上	196
0958	箇		去聲	箇，竹枚也，从竹固。別作个，非。古賀切。	97上	竹	5上	196
0793	笠		去聲	笠，可以收繩也，从竹，象形。或作互同。別作筟，非。	97下	竹	5上	197
0315	𥯓		下平	𥯓，篷也，从竹朵。別作撾檛，並非。陟瓜切。	98上	竹	5上	198
0465	籤		下平	籤，驗也，一曰銳也、貫也，从竹韱。別作簽，非。七廉切。	98上	竹	5上	198
1066	𥲢		入聲	𥲢，藩落也，从竹畢。《春秋》曰：𥲢門圭竇。別作蓽，非。	99上	竹	5上	200
0903	筭		去聲	筭，長六寸，計曆數者，从竹弄。別作筹，非。穌貫切。	99上	竹	5上	200
0937	笑		去聲	笑，喜也。俗从竹，从犬，而不述其義。案：《說文》从竹，从夭，義云竹得風，其體夭屈如人之笑，未知其審。別作咲关，並非。私妙切。	99上	竹	5上	200
1088	𤲃		入聲	𤲃，公及士搢也，籀文作𤲃，象形，佩也，古𤲃佩之。後人加笏，呼骨切。	99上	竹	5上	無
				說文第一百四十六左部				
0054	𤕦		上平	𤕦，不相值也，从左𠂹。別作差，从七，非。又楚宜切，文二。	99下	左	5上	202
				說文第一百四十七工部				
0532	𢀓		上聲	𢀓，規巨也，从工，象手持之。或作榘者，其中正也。別作矩，非。其呂切，文四。	100上	工	5上	203
				說文第一百五十一曰部				
0718	朁		上聲	朁，曾也，从曰兓。別作偺，非。七感切。	100下	曰	5上	205
0294	𣍒	𣍒	下平	𣍒，獄之兩曹也，从曰从棘。隸作曹，俗作曺，非。昨牢切。	100下	曰	5上	205

				說文第一百五十二乃部				
0576	了		上聲	乃，曳詞之難也，象气之出難。隸作乃，左旁不當引筆，奴亥切。	100下	乃	5上	205
0398	迺		下平	迺，驚聲也，从乃省，从西，一曰往也，如乗切。別作廼，音奴亥切，非。	100下	乃	5上	205
0415	迺		下平	迺，气行皃，从乃省，从鹵。別作逎，从辵鹵，非。	100下	乃	5上	205
				說文第一百五十三丂部				
0389	粤		下平	粤，亏詞也、兮也，从亏由。別作丣，非。普丁切。	101上	丂	5上	205
0295	乁	乙	下平	乁，反丂也，丂，气欲舒出，㇉上礙於一也。反丂，气已舒也。別作呵，非。虎何切。	101上	丂	5上	205
				說文第一百五十七亏部				
0074	虧		上平	虧，气損也，从亏雐。或作𧇽。別作虧虧，非。去爲切。	101下	亏	5上	206
0368	平		下平	平，語平舒也，从亏，从八。八，分也。別作評，非。蒲兵切。	101下	亏	5上	207
				說文第一百五十八旨部				
0515	旨		上聲	旨，美也，从甘七，古人作舌。別作恉，非。職稚切。	101下	旨	5上	204
				說文第一百六十一鼓部				
0555	鼓		上聲	鼓，郭也，春分之音，从壴支。別作皷鼓，竝非。公戶切。	102上	鼓	5上	208
0150	鼙		上平	鼙，騎鼓也，从鼓卑。別作鞞，非。部迷切。	102上	鼓	5上	208
0353	鼛		下平	鼛，鼓聲也，从鼓堂。別作鞺韃，竝非。土郎切。	102上	鼓	5上	208
				說文第一百六十二豈部				
0530	豈		上聲	豈，還師振旅樂也，一曰欲也、登也，从豆，微省，通用爲愷康字。別作凱，非。虛里切。又苦亥切。	102下	豈	5上	208
				說文第一百六十三豆部				
0403	豋		下平	豋，禮器也，从収持肉在豆上。別作登甑，竝非。都滕切，文二。	102下	豆	5上	210

				說文第一百六十五豐部				
1013	豓		去聲	豔，好而長也，从豐。豐，大也。从盍。作艷，非。以贍切。	103上	豐	5上	210
				說文第一百六十七虎部				
1137	虐		入聲	虐，殘也，从虍，虎足反爪人也，隸作虐俗，魚約切。	103上	虎	5上	211
0535	虡		上聲	虡，鐘鼓之柎也，飾爲猛獸，以虍異，象其下足。或作虞鐻同。別作虞簴，竝非。	103上	虎	5上	212
				說文第一百七十皿部				
0072	齍		上平	齍，黍稷在器以祀者，从皿齊。別作瓷，非。即夷切。	104上	皿	5上	213
0581	盡		上聲	盡，器中空也，从皿𤓸，慈忍切。又即忍切。《禮記》曰：虛坐盡前。別作儘，非。	104上	皿	5上	214
1097	盋		入聲	盋，器，盂屬，从皿犮。或作鉢同。別作盌，非。北末切，文二。	104下	皿	5上	無
				說文第一百七十三血部				
1033	衄		入聲	衄，鼻出血也，从血丑。別作衂，从刃，非。	105上	血	5上	216
0024	衃		上平	衃，腫血也，从血，農省。或作膿。別作癑，非。奴冬切。	105上	血	5上	216
0720	衉		上聲	衉，血醢也，从血朕。別作䐐，非。他感切。	105上	血	5上	216
0100	衃		上平	衃，以血有所刉祭也。別作禨，非。渠稀切。	105上	血	5上	216
1076	卹		入聲	卹，憂也，从血卩，一曰鮮，鮮少也。別作恤，从邑，非。辛律切。	105上	血	5上	216
				說文第一百七十四、部				
0544	主		上聲	主，鐙中火主也，从㞷，象形，形亦聲。別作炷，非。之庾切。	105下	、	5上	216
				說文第一百七十七丼部				
0975	刱		去聲	刱，造法刱業也，从丼刃，初亮切。別作創，音楚良切，與刃同。	106上	丼	5下	218

			說文第一百七十九㔽部				
1132	🀥		入聲	斝，禮器也，象形，中有㔽酒。又持之也，所以飲器，象爵者，取其鳴節節足足也。隸作爵俗，即略切。	106下	㔽	5下	220
			說文第一百八十食部				
0093	飴		上平	飴，米糵煎也。別作餹飼粕，竝非。	107上	食	5下	221
0435	餱		下平	餱，乾食也，从食矦。別作糇，非。乎溝切。	107上	食	5下	221
0890	飯		去聲	飯，食也，从食反。別作飰，非。扶萬切。	107上	食	5下	222
0755	飤		去聲	飤，糧也，从人食。或作食同。別作飼，非。祥吏切。	107下	食	5下	222
0768	飫		去聲	飫，燕食也，从食芺。別作飫，非。依據切。	108上	食	5下	223
0605	館		上聲	館，客舍也，从食，从官。別作舘，非。古緩切。	108上	食	5下	224
1107	飻		入聲	飻，貪也，从食，殄省。隸作餮，不省。	108上	食	5下	224
0573	餧		上聲	餧，飢也，一曰魚敗曰餧，从食委。別作餒鮾，竝非。奴罪切。	108下	食	5下	224
0828	餟		去聲	餟，祭酹也，从食叕。別作醊，非。陟衛切。	108下	食	5下	225
1093	秣		入聲	秣，馬食穀也，从食末。別作秣，非。	108下	食	5下	225
			說文第一百八十一亼部				
0670	舍		上聲	舍，市居也，从亼，从屮，象屋口，象築也，一曰釋也。或作捨。別作舍，从吉，非。始野切。	108下	亼	5下	225
			說文第一百八十四入部				
0253	全		下平	全，完也，从入工。或作玉，純玉曰全。道書以仝爲同字，疾緣切。	109上	入	5下	226
			說文第一百八十五缶部				
0707	缶		上聲	缶，瓦器所以盛酒漿，秦人鼓之以節歌。別作瓲，非。方九切。	109上	缶	5下	227

0373	罌		下平	罌，缶也，从缶賏。別作甖，非。	109下	缶	5下	227
1110	缺		入聲	缺，器破也，从缶，決省。別作缺缼，並非。傾雪切。	109下	缶	5下	228
				說文第一百八十六矢部				
0408	矰		下平	矰，隿射矢也，从矢曾。別作䂳，非。作滕切。	110上	矢	5下	228
0579	矤		上聲	矤，況也、詞也，从矢，从引省，作矧，非。式忍切，文二。	110上	矢	5下	229
				說文第一百八十七高部				
0392	亭		下平	亭，民所安定，从高省丁。後人俗作停。特丁切。	110下	高	5下	230
				說文第一百九十一亯部				
0362	亯		下平	亯，獻也，从高省曰，象進孰物形。普庚、許庚、許兩三切。或作亨。別作享亯烹，並非。	111上	亯	5下	231
1213	畗		入聲	畗，滿也，从高省，象高厚之形。又當也。或作答，小尗也。別作荅畣，並非。德合切。又伏埴二音。	111下	亯	5下	232
				說文第一百九十四㐭部				
0714	稟		上聲	稟，賜穀也，从㐭禾。別作禀，非。筆錦切。	111下	㐭	5下	233
				說文第一百九十五嗇部				
0333	牆		下平	牆，垣蔽也，从嗇爿。別作墻，非。才良切。	111下	嗇	5下	233
				說文第一百九十七麥部				
0920	麵		去聲	麵，麥末也，从麥丏。別作麵，非。	112上	麥	5下	234
				說文第一百九十八夊部				
0418	憂		下平	憂，和之行也，从夊惪。《詩》曰：布政憂憂。別作優，非。	112下	夊	5下	235
0672	夓		上聲	夓，中國之人也，从夊，从頁臼。隸作夏俗，胡雅切。	112下	夊	5下	235
0010	夋		上平	夋，歛足也，从夊允。別作踆，非。祖紅切，文四。	112下	夊	5下	236

0293	夒		下平	夒，貪獸也，一曰母猴，从人，从頁已止夊，象形。別作猱，非。奴刀切。	112下	夊	5下	236
0083	夔		上平	夔，神魖如龍，一足从夊，象形。別作蘷，非。渠追切，文二。	112下	夊	5下	236
				說文第二百零一韋部				
1064	韠		入聲	韠，韍也，所以蔽前以韋，从韋畢。別作韠鞸，並非。	113上	韋	5下	237
0978	韔		去聲	韔，弓衣也，从韋長。別作韔，非。	113下	韋	5下	238
0318	鞡		下平	鞡，履也，从韋段。別作靸，非。	113下	韋	5下	無
1086	韤		入聲	韤，足衣也，从韋蔑。別作韈，並非。望發切。	113下	韋	5下	238
				說文第二百零二弟部				
0806	弟		去聲	弟，韋束之次弟也，从古字之象。作第，非。特計切。	113下	弟	5下	239
				說文第二百零六木部				
0469	梅		下平	栂，梅也，从木毋。別作楠，非。	114下	木	6上	241
0835	柰		去聲	柰，果也，从木示。別作奈樼，竝非。奴帶切。	114下	木	6上	242
0109	樗		上平	樗，木也，一曰惡木也，从木虖。今作樗，乎化切，與檴同，以其皮裏松脂者。	115下	木	6上	243
0673	檟		上聲	檟，楸也，从木賈。《春秋傳》曰：樹六檟於蒲圃。別作榎，非。古雅切。	115下	木	6上	244
0477	樴		下平	樴，木也，从木黏。別作杉，非。所街切，文二。	116上	木	6上	無
0186	杶		上平	杶，木也，从木屯。或作櫄，古作杻。隸作椿，敕倫切。	116上	木	6上	245
0677	樣		上聲	樣，栩實也，从木羕。別作橡樣，竝非。徐兩切。	116上	木	6上	245
0971	檴		去聲	檴，木也，以其皮裏松脂，从木雩。或作檴。別作樺，非。乎化切，文二。	117上	木	6上	無
0700	桺		上聲	桺，小楊也，从木丣。丣，古酉字。俗作柳，从夘者，非。力九切。	117上	木	6上	247

1159	柏		入聲	柏，鞠也，从木白。別作栢，从百，非。博白切。	118上	木	6上	250
0660	果		上聲	果，木實也，从木，象形在木上。別作菓，非。古火切。	118下	木	6上	251
0664	朵		上聲	朵，樹木垂朵朵也，从木，象形。別作朶，从乃，非。丁果切。	119上	木	6上	252
0680	桂		上聲	桂，褒曲也，从木坒。隸作柱俗，迂往切。	119上	木	6上	253
1052	樸		入聲	樸，木素也，从木菐。別作璞，从玉，非。匹角切。	119下	木	6上	254
0156	柴		上平	柴，小木散材，从木此。師行野次，豎木爲區落，名曰柴籬。後人語譌，轉入去聲。別作寨者，非。士佳切。	119下	木	6上	255
0897	榦		去聲	榦，築牆耑木也，从木倝。別作幹，非。古案切。	120上	木	6上	255
0512	檥		上聲	檥，榦也。又泊舟也，从木義。別作艤，非。又魚羈切。	120上	木	6上	256
0366	樘		下平	樘，褒柱也，从木堂。別作撑，非。丑庚切。	120下	木	6上	256
0464	檐		下平	檐，櫎也，从木詹。別作簷，非。	120下	木	6上	258
0597	梱	閫	上聲	梱，門橜也，从木困。別作閫，非。	121上	木	6上	259
0329	柤		下平	柤，木閑也，从木且。別作查楂，竝非。側加切。	121上	木	6上	259
1054	楃		入聲	楃，木帳也，从木屋。別作幄，非。於角切。	121下	木	6上	260
0046	橦		上平	橦，帳極也，从木童。別作幢俗。宅江切。	121下	木	6上	260
0041	杠		上平	杠，石橋也，从木工。別作矼，非。古雙切。	121下	木	6上	260
0341	牀		下平	牀，安身之坐者，从木爿。爿則广之省。至於牆、壯、戕、狀之屬，竝當从牀省。別作床，非。仕莊切。	121下	木	6上	260
1007	槈		去聲	槈，媷田器也，从木辱。或从金。別作耨，非。奴豆切。	121下	木	6上	261

0326	枲		下平	枲，兩刃臿也，从木丫，象形。或作銛。別作鍫，非。	121下	木	6上	261
0522	梠		上聲	梠，臿也，从木呂。別作耜，非。詳里切，文二。	121下	木	6上	261
0092	枱		上平	枱，耒耑也，从木台。別作耜，非。盈之切，文二。	122上	木	6上	261
0417	櫌		下平	櫌，摩田器，从木憂。別作耰，非。於求切，文三。	122上	木	6上	262
0968	枷		去聲	枷，柫也，一曰所以舉物。俗作架，古牙切。又古迓切，文二。	122上	木	6上	262
0165	桮		上平	桮，䰜也，从木否。別作盃杯，竝非。布回切。	122上	木	6上	263
0158	椑		上平	椑，籍也，从木卑。別作牌，非。部皆切。又步迷切，圜榼也；步覓切，親身棺也；賔彌切，柹也。	122下	木	6上	264
0626	槤		上聲	槤，瑚槤也，从木連。別作璉，非。里典切。	122下	木	6上	264
0685	櫎		上聲	櫎，所以几器也，从木廣，一曰帷，屏風之屬。別作幌，非。胡廣切。	122下	木	6上	264
0564	檷		上聲	檷，絡絲檷也，从木爾。別作鑈，非。	123上	木	6上	264
0887	楥		去聲	楥，履法也，从木爰。別作楦，非。吁券切。	123上	木	6上	265
0925	桊		去聲	桊，牛鼻中環也，从木关。別作棬，非。	123上	木	6上	265
0979	杖		去聲	杖，持也，从木丈。別作仗，非。直亮切。又直兩切。	123上	木	6上	266
0496	棓		上聲	棓，木杖也，从木咅。別作棒，非。步項切，文二。	123上	木	6上	266
0223	欑		上平	欑，積竹杖也，从木贊。別作攢，从手，非。才官切，文二。	123下	木	6上	266
0683	棓		上聲	棓，所以輔弓弩，从木弱，補盲切。又北孟切，進船也。又北朗切，木片也。別作牓，非。	123下	木	6上	266
0087	棊		上平	棊，博棊，从木其聲。別作碁，非。渠之切。	123下	木	6上	267

0552	櫓	 上聲	櫓，大盾也，一曰所以進船也。或作樐。別作艪，非。	124上	木	6上	267
0122	 柎	上平	柎，闌足也，从木付。別作跗趺，竝非。甫無切。	124上	木	6上	267
1102	 札	入聲	札，牒也，从木乙。別作扎，非。別八切。	124上	木	6上	268
1220	 极	入聲	极，驢上負也，从木及。別作笈，非。極曄切。	124上	木	6上	268
0661 	槶	上聲	槶，盛膏器，从木，从咼。別作輠輠，竝非。戶果切。	124上	木	6上	269
0082 	樏	上平	樏，山行所乗者，从木畾。別作�，非。	124下	木	6上	269
0344	 梁	下平	梁，水橋也，从木，从水，从刅。別作梁，从刃，非。	124下	木	6上	270
0290	樓	下平	 樓，舡總名也，从木婁。別作艘，非。蘇遭切，文二。	124下	木	6上	270
1084	 橃	入聲	橃，海中大船也，从木發。別作筏，非。	124下	木	6上	270
1223	 楫	入聲	楫，舟櫂也，从木咠。別作檝，非。	124下	木	6上	270
0562	 欚	上聲	欚，江中大船名，从木蠡。別作艫，非。盧啓切。	124下	木	6上	270
0944	 校	去聲	校，木囚也，从木交。別作較者，非。古孝切。	124下	木	6上	270
0575	 采	上聲	采，捋取也，从爪在木上。俗作彩綵，竝當用采。別作採，非。倉宰切。	124下	木	6上	270
0364 	橫	下平	橫，闌木也，从木黃。別作搄鬠，竝非。戶盲切。	124下	木	6上	270
0405	 棱	下平	棱，柧棱也，从夌木。別作稜楞，竝非。魯登切。	125上	木	6上	271
1091 	櫱	入聲	櫱，伐木餘也，从木獻。或作蘗。古作𣎏。別作枿，非。五葛切。	125上	木	6上	271
1184	 析	入聲	析，破木也，一曰折也，从木斤。別作枂，非。先激切。	125上	木	6上	271
0411	休	下平	 休休，息止也，从人依木。或作麻。別作茠庥，竝非。許尤切，文二。	125下	木	6上	272

0699	杍		上聲	杍，械也，从木手，今作杻，古文杶字。別作扭，非。敕九切。	125下	木	6上	272
1239	柙		入聲	柙，檻也，以藏虎兕，从木甲。一曰檢柙也，今言文書押署是也。別作押，非。烏匣切。	125下	木	6上	273
1156	槨		入聲	槨，葬有木槨也，从木㫄。別作椁，非。古博切。	125下	木	6上	273
1053	槊		入聲	槊，矛也，从木朔。別作矟，非。所角切。	126上	木	6上	無
				說文第二百零八林部				
1081	欝		入聲	欝，木叢生者，从林，鬱省。別作欎，非。迂弗切。	126下	林	6上	274
				說文第二百十三出部				
0289	敖		下平	敖，游也，从出放，一曰蟹大足者。別作螯遨，竝非。五牢切。	127上	出	6下	275
				說文第二百一十九華部				
0325	蕐		下平	蕐，榮也，从艸雩。別作花，非。戶瓜、呼瓜二切，文二。	128上	蕐	6下	277
				說文第二百二十二巢部				
0284	巢		下平	巢，鳥在木上曰巢，在穴曰窠，从木，从巛，从臼，象形。別作槽，非。鉏交切。	128下	巢	6下	278
				說文第二百二十三㯱部				
0412	㯱		下平	㯱，㯱也，从㯱彡。別作糅，非。	128下	㯱	6下	278
				說文第二百二十四束部				
0614	柬		上聲	柬，分別簡之也，从束八。別作揀，非。古限切。	128下	束	6下	278
0617	棄		上聲	棄，小束也，从束幵。別作柬，非。	128下	束	6下	279
				說文第二百二十六口部				
0260	圜		下平	圜，天體也，从口睘，王權切。俗用圓，非。圓，王問切。	129上	口	6下	279
0160	回		上平	回，轉也，从口中，象回轉之形。別作徊廻，竝非。戶恢切，文三。	129上	口	6下	279

0596	㽞		上聲	㽞，宮中道也，从田，象宮垣道上之形。別作壼，非。苦本切，文二。	129上	口	6下	280
				說文第二百二十八貝部				
0736	賜	賜	去聲	賜，資也，从貝爲，一日古貨字。別作貤，非。詭僞切，文二。	130上	貝	6下	282
0239	賢		下平	賢，多才也，从貝臤。別作賢，非。胡田切，文二。	130上	貝	6下	282
0902	賛		去聲	賛，見也，从貝兟。別作賛讚，竝非。則旰切。	130上	貝	6下	282
0875	賮		去聲	賮，會禮也，从貝盡。別作贐，非。	130上	貝	6下	282
0142	賷		上平	賷，持遺也，从貝，从齊。別作賫，非。祖分切，文二。	130上	貝	6下	282
0988	賸		去聲	賸，物相增加也，从貝朕，一日送也、副也。別作剩，非。石證切。又以證切，文三。	130上	貝	6下	283
0832	賴		去聲	賴，贏也，从貝剌。別作頼賴，竝非。洛帶切，文三。	130下	貝	6下	283
0694	負		上聲	負，恃也，从人守貝，有所恃也。別作負，非。	130下	貝	6下	283
0739	質		去聲	質，至也。《周書》曰：大命不質。《孟子》曰：出疆必載質。从貝，从所。或作贄同。別作贊，非。脂利切。又之日切，以物相贅者也，文二。	130下	貝	6下	284
1170	責		入聲	責，求也，从貝束，一日負也，側革切。又側賣切。別作債，非。	130下	貝	6下	284
0969	賈		去聲	賈，物直也，一日坐賣售也，从貝西。後人別作價。又公戶切。	130下	貝	6下	284
				說文第二百二十九邑部				
0044	邦		上平	邦，國也，从邑丰。別作邦，非。博江切。	131下	邑	6下	285
0184	鄰		上平	鄰，五家爲鄰，从邑粦。別作隣，非。	131下	邑	6下	286
0111	鄜		上平	鄜，左扶風縣也，从邑鹿。別作廊，非。	132下	邑	6下	289

1165	邙		入聲	邙，邑名，从邑㐭。別作郃，非。綺戟切，文二。	133上	邑	6下	291
1147	鄂		入聲	鄂，江夏縣，从邑咢，一曰華跗也。別作萼，非。	134下	邑	6下	295
0300	酇		下平	酇，沛國縣也，从邑盧，昨何切。今以酇爲酇陽恐非。酇音作管切，聚也，百家爲酇，文三。	135上	邑	6下	297
0038	邛		上平	邛，地名也，从邑工。別作笻，非。渠容切。	135上	邑	6下	297
0352	郎		下平	郎，魯亭也，从邑良，一作東西序也。後人俗別作廊。魯當切。	135下	邑	6下	299
0319	邪		下平	邪，琅邪郡，从邑牙。別作瑘耶，竝非。以遮切，文二。	135下	邑	6下	300
1087	郣		入聲	郣，海地，从邑孛，一曰地之起曰郣。別作渤，非。蒲沒切。	136上	邑	6下	301
0458	鄆		下平	鄆，國也，从邑覃。俗作譚，非。《說文》注義有譚長，疑後人傳寫之誤，徒含切。	136上	邑	6下	301
0214	邨		上平	邨，地名也，从邑屯。別作村，非。此尊切。	136下	邑	6下	302
0981	鄉		去聲	鄉，國離邑民所封鄉也，一曰對也，从㗊皀。別作向北出牖也，俗作嚮，非。許亮切。又許良切。	136下	㗊	6下	303
0732	巷		去聲	巷，里中道，从㗊，从共，皆在邑中所共也。或作衖同。別作䢽，非。胡絳切。	137上	邑	6下	303
				說文第二百三十一日部				
0652	早		上聲	早，晨也，从日在甲上。隸作早。子浩切，文二。	137下	日	7上	305
1188	旳		入聲	旳，明也，从日勺。別作的，从白，非。都歷切，文四。	137下	日	7上	306
0873	晉		去聲	晉，進也，从日臸，二至之日，陰陽之進也。隸作晋俗，即刃切。	138上	日	7上	306
0688	景		上聲	景，光也，从日京，居影切。案：影者，光景之類也，合通用景，非。毛髮藻飾之事，不當从彡，文二。	138上	日	7上	307
1218	暚		入聲	暚，光也，从日䔲，隸作曄俗。域輒切，文二。	138上	日	7上	307

1197	厢		入聲	厢，日在西方時側也，從日仄。別作昃，非。阻力切。	138上	日	7上	308
1012	暫		去聲	暫，不久也，從日斬。別作蹔，非。藏濫切。	138下	日	7上	309
0931	昪		去聲	昪，喜樂兒，從日弁。別作忭，非。	138下	日	7上	309
0982	暀		去聲	暀，光美也，從日往。別作旺，非。于放切。	139上	日	7上	309
1035	昱		入聲	昱，明日也，從日立。別作翌，非。翌，俗書翊字，音與職切。	139上	日	7上	309
0949	暴		去聲	暴，晞也，從日出廾米。別作曝，非。薄報切。	139上	日	7上	310
				說文第二百三十四㫃部				
0838	旆		去聲	旆，繼旐之旗，沛然而垂，從㫃，從㡀。別作斾，從巾，非。蒲蓋切。	140上	㫃	7上	312
0537	旅		上聲	旅，軍之五百人爲旅，從㫃，從从。又禾自生也。別作穭稆，竝非。力舉切。	141上	㫃	7上	315
				說文第二百三十五冥部				
0986	冥		去聲	冥，幽也，從日，從六冖，日數十，十六日而月始虧幽也。別作暝，非。莫定切。又莫經切。	141上	冥	7上	315
				說文第二百三十六晶部				
0446	曑		下平	曑，商星也，從晶今。或作曑。別作參，非。所今切，文二。	141上	晶	7上	316
1229	曡		入聲	曡，揚雄說，以爲古理官決罪，三日得其宜乃行之，從晶宜，亡新以爲曡三日太盛，改爲三田，一曰厚也、懷也。別作栜，非。徒叶切，文四。	141上	晶	7上	316
				說文第二百三十八有部				
0004	龓		上平	龓，兼有也，從有龍。又馬鞁也。別作鞴，非。	141下	有	7上	317
				說文第二百四十一夕部				
0380	姓		下平	姓，雨而夜除星見也，從夕生。別作晴，非。疾盈切。	142上	夕	7上	318

1026	㛸		入聲	㛸，早敬也，从䖵夕，持事雖夕不休，早敬者也。別作凤，非。息逐切。	142上	夕	7上	318
				說文第二百四十三毌部				
0550	虜		上聲	虜，獲也，从毌，从力虍。俗作虜，从男，別作擄，並非。郎古切，文四。	142下	毌	7上	319
				說文第二百四十四弓部				
0459	圅		下平	圅，舌也，象形，舌體弓弓。或作肣同。又作函，亦筆迹小異。別作圅，非。胡男切。	142下	弓	7上	319
0413	粤		下平	粤，木生條也，从弓由。今俗作由，非。以周切，文四。	142下	弓	7上	319
				說文第二百四十五東部				
0099	韓		上平	韓，束也，从東韋。俗作韓，从束，非。于，非切。	143上	東	7上	320
				說文第二百四十六卤部				
0268	卤		下平	卤，艸木實垂卤卤然，象形，徒遼切。別作卣，非。又由酉二音。	143上	卤	7上	320
1075	㮚		入聲	㮚，木也，其實下垂，故从卤，隸作栗俗，一曰懼也。別作慄，非。力質切。	143上	卤	7上	320
1046	㮚		入聲	㮚，嘉穀實也，从卤，从米，籒文作㮚。別作粟，非。相玉切。	143上	卤	7上	320
				說文第二百四十八束部				
0653	柬		上聲	柬，从重束。別作柬，从兩朿，非。	143上	束	7上	321
				說文第二百四十九片部				
0611	版		上聲	版，判也，从片反。別作板，从木，非。布綰切。	143上	片	7上	321
				說文第二百五十一克部				
1210	克		入聲	克，肩也，象形。又能勝此物謂之克。別作剋，非。苦得切。	143下	克	7上	323
				說文第二百五十三禾部				
0744	稺		去聲	稺，幼禾也，从禾屖。別作稚，非。直利切。	144上	禾	7上	324

0098	稀		上平	稀,疏也,从禾,从爻巾。爻者與爽同意。巾,象禾根,至於稀晞,皆當从稀省,何以知之,《說文》無希字故也。香依切。	144上	禾	7上	324
1024	穆		入聲	穆,禾也,从禾㣎,俗書作穆,莫卜切,文二。	144下	禾	7上	324
0963	穤		去聲	穤,稻名也,从禾耎。別作糯,非。奴臥切。	144下	禾	7上	325
0360	秔		下平	秔,稻屬也,从禾亢。或作稉。別作粳,非。	144下	禾	7上	326
0524	秄		上聲	秄,壅禾本也,从禾子,作籽,非。即里切。	145上	禾	7上	328
1100	稭		入聲	稭,禾稾去其皮,祭天以爲席,从禾皆。別作鞂,非。古黠切。	145下	禾	7上	328
0521	秕		上聲	秕,不成粟也,从禾比。別作粃,非。卑履切。	145下	禾	7上	329
0242	稍		下平	稍,麥莖也,从禾肖。別作藟,非。古玄切。	145下	禾	7上	329
0237	秊		下平	秊,穀熟也,从禾千。別作年,非。奴顛切。	146上	禾	7上	329
1021	穀		入聲	穀,續也,百穀之總,从禾殼。別作穀,非。古祿切。	146上	禾	7上	329
0136	穌		上平	穌,把取禾器也,从禾魚,一曰死而更生。別作甦,非。素孤切。	146上	禾	7上	330
0397	稱		下平	稱,銓也,从禾再。別作秤,非。處陵切。	146上	禾	7上	330
0011	穟		上平	穟,布之八十縷也,从禾㩅。別作緵,非。	146下	禾	7上	330
1179	秳		入聲	秳,稻百二十斤也,从禾石。今別用石碩,並非。常隻切。	146下	禾	7上	331
0088	稘	稘	上平	稘,復其時也,从禾,其聲。別作朞,非。居之切。	146下	禾	7上	331
				<div align="center">說文第二百五十五黍部</div>				
0065	䵖		上平	䵖,穄也,从黍麻。別作䵛,非。	146下	黍	7上	333
0472	黏		下平	黏,相箸也,从黍占,作粘,非。女廉切。	146下	黍	7上	333

0132	黏		上平	黏,黏也,从黍古。或作粘。別作糊粏,竝非。戶吳切。	146下	黍	7上	333
				說文第二百五十六香部				
0350	香		下平	香,芳也,从黍甘。隸作香,俗,許良切。	147上	香	7上	333
				說文第二百五十七米部				
0834	𥡥		去聲	𥡥,粟重一秅爲十六斗,大斗半舂,爲米一斛曰𥡥。別作䄺,非。	147上	米	7上	334
0379	精		下平	精,擇也,从米青。又目童也。別作睛,非。子盈切。	147上	米	7上	334
0135	粗		上平	粗,疏也,从米且。別作麤麤粔,竝非。又徂古切。	147下	米	7上	334
0064	糜	𪎭	上平	糜,糝也,从米麻。別作麿麿,竝非。靡爲切,文二。	147下	米	7上	335
1038	籟		入聲	（籟）酒母也,从米,籟省。或作鞠同。別作麴,非。丘六切。	147下	米	7上	335
0343	糧		下平	糧,穀也,从米量。別作粮,非。呂張切,文二。	147下	米	7上	336
0697	粈		上聲	粈,雜飯也,从米丑。或作餌同。別作糅餘,竝非。女九切。	147下	米	7上	336
0016	粔		上平	粔,陳臭米,从米工。別作粍,非。戶工切,文二。	148上	米	7上	336
0593	糡		上聲	糡,粉也。又搏也,从米卷。別作䊬（粯）,非。去阮切。	148上	米	7上	336
1105	竊	𥨫	入聲	竊,盜自中出也,从穴,从米,卨廿皆聲。別作𥨫竊,並非。千結切。	148上	米	7上	336
0728	糉		去聲	糉,蘆葉裹米也,从米㚆。別作粽,非。作弄切。	148上	米	7上	無
				說文第二百五十九臼部				
1224	舀		入聲	舀,舂去麥皮也,从臼干,所以舀之。或作揸,刺也。別作舂揸,竝非。楚洽切,文二。	148下	臼	7上	337
				說文第二百六十凶部				
0495	兇		上聲	兇,擾恐也,从人在凶下。別作恟,非。許拱切。	148下	凶	7上	337

			說文第二百六十四尗部				
1040	尗	入聲	尗，豆也，象形。別作菽，非。式竹切。	149上	尗	7下	339
			說文第二百六十六韭部				
0698	韭	上聲	韭，菜名，一種而久者。別作韮，舉友切。	149下	韭	7下	340
0853	韱	去聲	韱，菜也，从韭毚。別作薤韰，竝非。胡戒切。	149下	韭	7下	340
			說文第二百六十九宀部				
1185	宋	入聲	宋，無人聲也，从宀尗。或作誄同。別作寂家，並非。前歷切。	150下	宀	7下	343
0487	宂	上聲	宂，散也，从人在宀下。別作冗，非。而勇切，文二。	151上	宀	7下	343
0668	寫	上聲	寫，置物也，从宀舄。別作瀉，非。悉也切。	151上	宀	7下	344
0712	寑	上聲	寑，臥也，从宀，从㑴。別作寢寝，竝非。七荏切。	151上	宀	7下	344
0221	寬	上平	寬，屋大也，从宀莧。別作寛寬，竝非。苦官切。	151上	宀	7下	344
0995	宎	去聲	宎，貧病也，从宀久。別作疚，非。居又切，文二。	151下	宀	7下	345
1164	索	入聲	索，入家搜也，从宀索，所責切，今用索，音蘇各切，艸有莖葉，可作繩索也，从米糸。	151下	宀	7下	345
			說文第二百七十二穴部				
0275	窯	下平	窯，燒瓦竈也，从穴羔。別作窰，非。	152上	穴	7下	347
0270	竂	下平	竂，穿也，从穴尞。別作寮，非。洛簫切。	152下	穴	7下	348
0328	窊	下平	窊，汙衺下也，从穴瓜，烏瓜切。又作窳，以主切，汙窬也。別作凹，非。	152下	穴	7下	348
0549	窳	上聲	窳，污窬也，从穴㼌。別作窪，非。又窳渾，邑名。	152下	穴	7下	348
0070	窺	上平	窺，小視也，从穴規。別作窺窺，竝非。去隨切。	153上	穴	7下	349

			說文第二百七十四疒部				
0305	疴	下平	 疴，病也，从疒可。隸作痾俗，烏何切。	154上	疒	7下	352
0752 	癀	去聲	癀，滿也，从疒黃。別作𤶒，非。	154下	疒	7下	353
0759	 痱	去聲	痱，風病，从疒，非。別作𤻹，非。又蒲罪切。	155上	疒	7下	353
0034	癰	上平	 癰，腫也，从疒雝。別作臃，非。	155上	疒	7下	353
0322	 痂	下平	痂，疥也，从疒加。別作𦜵，非。	155上	疒	7下	353
0833	 癘	去聲	癘，惡疾，从疒，蠆省。別作癩，非。	155上	疒	7下	354
0486	尰	上聲	 尰，脛气足腫，从疒童。或作𥆙瘇。別作瘇瘇，竝非。豎勇切。	155下	疒	7下	354
1004	癟	去聲	 癟，臞也，从疒㝴。別作瘦，非。所又切。	155下	疒	7下	355
0881	�	去聲	 痰，熱病也，从疒火，俗作痵，非。別作疢。籀文胗字，音之忍切。	155下	疒	7下	355
0609	 癉	上聲	癉，勞病也，从疒單。別作瘅，非。丁榦切。又丁賀切。	155下	疒	7下	355
0865	 瘥	去聲	瘥，瘉也，从疒㿒，楚懈切。又才他切。今以差爲瘥，非。差，不相值也。	156上	疒	7下	356
0548	 癒	上聲	瘉，病瘳也，从疒俞。別作愈，非。	156下	疒	7下	356
			說文第二百七十五冖部				
1187	 冂	入聲	冖，覆也，从一下垂。別作幎，非。	156下	冖	7下	356
0222	 冠	上平	冠，絭也，弁冕之總名，从冖，从元，从寸。別作𦅂，非。古丸切。	156下	冖	7下	356
			說文第二百七十七冃部				
0950	冃	去聲	冃，小兒蠻夷頭衣也，从冂，从二。別作帽，非。莫報切，文二。	156下	冃	7下	357
			說文第二百七十九网部				
0061	罙	上平	 罙，周行也，从网米。或作突，同武移切。別作突，音深，竈突也。文二。	157上	网	7下	358

0434	罯		下平	罯，兔罝也，从网否。隸作罘，俗，縛牟切。	157下	网	7下	359
				說文第二百八十一巾部				
1059	帥		入聲	帥，佩巾也，从巾，从自。或作帨同。別作率，非。	158下	巾	7下	361
0207	褌		上平	褌，幒也，从巾軍。或作裩。別作褪，非。古渾切，文二。	159上	巾	7下	362
0421	幬	幬	下平	幬，禪帳也，从巾壽。俗作裯，音都牢切。袂也。隸作幬。別作幬，非。又重朱切。	159上	巾	7下	362
1195	飾		入聲	飾，刷也，从巾人食。別作餝拭，並非。賞職切。	159下	巾	7下	363
0695	帚		上聲	帚，糞也，从又持巾埽冂內。別作箒，非。支手切。	159下	巾	7下	364
0785	布		去聲	布（爺），枲織也，从巾父。隸作布，从又，非。博故切。	160上	巾	7下	365
				說文第二百八十二市部				
1078	市		入聲	市，上古衣蔽前而已，象連之形。或作韍同。別作紱，非。分勿切，文二。	160下	市	7下	366
1237	韐		入聲	韐，士無市有韐。或作韐同。別作帢韐幅韘，並非。古洽切，文二。	160下	市	7下	366
				說文第二百八十七人部				
0001	僮		上平	僮，未冠也，从人童。別作犝羫瞳，竝非，瞳或用童。徒紅切，文二。	161下	人	8上	369
0625	僎		上聲	僎，具也，从人，从巽。或作譔同。別作撰，非。士免切。	161下	人	8上	370
0861	佩		去聲	佩，大帶佩也，从人，从凡，从巾。別作珮，非。補妹切。	161下	人	8上	370
0877	俊		去聲	俊，材千人也，从人夋。別作儁，非。子竣切。	162上	人	8上	370
0181	份		上平	份，文質僭也，从人分。古文作彬。別作斌，以文配武，過爲晶淺。又作贇，音頵，亦於義無取。悲申切。	162下	人	8上	372
0307	倭		下平	倭，女王國名，从人委。別作矮猧，竝非。烏禾切。又於爲切，訓順皃	162下	人	8上	372
0678	仿		上聲	仿，相似也，从人方。別作髣，非。甫兩切，文二。	163下	人	8上	374

1104	𠈇		入聲	傃，聲也，从人悉。別作偟，非。	163下	人	8上	374
0751	備	𤰇	去聲	備，慎也，从人𦰧。別作俻，非。平秘切，文二。	163下	人	8上	375
0572	儽		上聲	儽，垂兒，从人𥠽，一曰嬾解。別作傫，非。	164下	人	8上	377
0789	𠈌		去聲	作，起也，从人乍。別作做，非。宗祚切。又則洛切。	165上	人	8上	378
0443	𠈽		下平	侵，漸進也，从人又持帚，若埽之進。又手也。隸作侵，七林切。	165上	人	8上	378
1034	儥		入聲	儥，賣也，从人賣，余六切。或作𧶠同。別作𧵲，音武悲切，儱也，文二。	165上	人	8上	378
0523	𠂼		上聲	佀，象也，从人㠯。別作似，非。	165上	人	8上	379
1200	億		入聲	億，安也，从人意。別作億，从意，非。	165下	人	8上	380
0989	𠈅		去聲	伏，送也，从人，朕省。別作倴媵，非。	165下	人	8上	381
0908	㑩		去聲	㑩，弱也，从人，从耎。別作愞懦，竝非。奴亂切。	166上	人	8上	381
0621	儳		上聲	儳，淺也。《史記》：能薄而材儳。从人，从㑻。別作譾，非。慈衍切。	166上	人	8上	382
0506	㑋		上聲	伲，小兒，从人囟。別作㑌，非。斯氏切。	166上	人	8上	382
0267	𠈆		下平	佻，愉也，从人，从兆。別作恌，非。	166上	人	8上	383
0335	倡		下平	倡，樂也，从人昌。別作娼，非。尺良切。	166下	人	8上	383
0933	偃		去聲	偃，僵也，一曰障水也，从人匽。別作堰，非。於扇切。又於幰切。	167上	人	8上	385
1056	促		入聲	促，迫也，从人足。別作趣，非。七玉切。	167上	人	8上	385
1083	伐		入聲	伐，擊也，从人持戈。又耒廣五寸爲伐，一曰伐閱，自序也。別作垡墢閥，並非。房越切，文三。	167上	人	8上	385
0606	但		上聲	但，裼也，从人旦。又作膻，同徒旱切。別作袒，音文莧切，衣縫解也。	167上	人	8上	386

0539		上聲	傴，僂也，从人區。俗別作瘟，非。於武切。	167上	人	8上	386
0934		去聲	弔，問終也，从人持弓。別作吊，非。多嘯切。	167下	人	8上	387
0244		下平	僊，長生僊去，从人䙴。別作仙，非。相然切。	167下	人	8上	387
			說文第二百八十八匕部				
0174		上平	眞，僊人變形而登天也，从匕，从目，从乚八，所乘載也。別作真，非。側鄰切。	168下	匕	8上	388
			說文第二百八十九匕部				
0656		上聲	𡿧，頭髓也，从匕匕相匕箸，巛象髮，囟象𡿧。別作腦，非。奴皓切，文二。	168下	匕	8上	389
			說文第二百九十二北部				
0747		去聲	冀，北方州也，从北異。別作㝫，非。几利切。	169上	北	8上	390
			說文第二百九十三北部				
0101		上平	虛，大丘也，从丘虍。別作墟，非。丘如切。又朽居切。	169上	北	8上	390
			說文第三百衣部				
0578		上聲	袗，玄服也，从衣㐱。又繨縷也。或作裖同。別作縝繗，並非。	170上	衣	8上	393
0644		上聲	裘，上衣也，从衣，从毛，古者衣裘，以毛爲表，一曰明也、識也。隸作表，彼小切。	170上	衣	8上	393
0454		下平	裣，衽也，从衣金。別作襟，非。	170下	衣	8上	394
1231		入聲	襍，南楚謂禪衣曰襍，从衣枼。別作褋，非。	170下	衣	8上	395
1000		去聲	褎，袂也，从衣采，一曰盛飾皃。或作袖同。別作褏，非。又似又切。	171上	衣	8上	396
0649		上聲	袌，襃也，从衣包，薄保切。別作抱，非。	171上	衣	8上	396
0251		下平	褰，絝也，从衣，寒省。別作攐，非。	171下	衣	8上	397

0437	褱		下平	褱，衣博，从衣，保省，一曰聚也。別作褢褒，竝非。又博毛也。	171下	衣	8上	397
0026	襛		上平	襛，衣厚皃，从衣農。別作穠，非。尼容切。	171下	衣	8上	397
1238	袷		入聲	袷，衣無絮也，从衣合。別作裌，非。	172上	衣	8上	398
0022	袠		上平	袠，裹褻衣也，从衣中。別作袠，非。陟弓切。	172上	衣	8上	399
1216	襍	襍	入聲	襍，五彩相合，从衣集。別作雜，非。昨合切。	172上	衣	8上	399
0912	袒		去聲	袒，衣縫解也，从衣旦。別作綻，非。丈莧切。	172下	衣	8上	399
0667	臝		上聲	臝，但也，从衣臝。或作裸同。別作躶，非。郎果切。	172下	衣	8上	400
0782	裋		去聲	裋，豎使布長襦，从衣豆。別作襦，非。常句切。	173上	衣	8上	400
1077	卒		入聲	卒，隸人給事者，衣十爲卒，臧没切。或作猝，死也，子聿切。又作踤，蒼踤也，蒼没切，以卒字三音又。別作卆，竝非。	173上	衣	8上	401
0299	蓑		下平	衰，艸雨衣也，从衣，象形。別作蓑，非。穌和切。	173上	衣	8上	401
			說文第三百零二老部					
0951	耋		去聲	耋，年九十曰耋，从老，蒿省。別作耄，非。	173下	老	8上	402
			說文第三百零三毛部					
0488	準		上聲	準，毛盛也，从毛隼。《書》曰：鳥獸準毛。別作氄，非。	173下	毛	8上	403
			說文第三百零五尸部					
1103	屑		入聲	屑，動作切切也，从尸肖。別作屑，从肖，非。先結切，文二。	174下	尸	8上	404
0852	屆		去聲	屆，行不便也，一曰極也，从尸凷。凷與塊同。別作届，从由，非。	174下	尸	8上	404
0212	屍		上平	屍，髀也，从尸下丌几。或作脽臋並同。別作臀，非。	174下	尸	8上	404

0077	尼		上平	尼，從後近之，从尸匕。別作屔，非。女夷切。	174下	尸	8上	404
1234	屜		入聲	屟，履中薦也，从尸枼。別作屧鞢屟屟，並非。	174下	尸	8上	404
				說文第三百零七尾部				
0528	尾		上聲	尾（屍），微也，从倒毛在尸後。隸作尾，从正毛字，無斐切，文二。	175下	尾	8上	406
1043	屬		入聲	屬，連也，从尾蜀，一曰託辭也。別作属囑，並非。之欲切。	175下	尾	8上	406
0936	屎	屎	去聲	屎，人小便也，从尾，从水。或用溺同。別作尿，非。奴帝切。	175下	尾	8上	407
				說文第三百零八履部				
1136	屨	屨	入聲	屨，履也，从履省，从喬。別作鞻，非。居勺切。	176上	履	8下	407
				說文第三百零九舟部				
0126	俞		上平	俞，空中木爲舟也，从亼，从舟，从巜。別作俞腧愈，竝非。羊朱切。又勇主、春遇、丑救四切，文二。	176上	舟	8下	407
0258	船		下平	船，舟也，从舟，鉛省。別作舩舡，竝非。食川切。	176上	舟	8下	407
				說文第三百一十方部				
0357	斻		下平	斻，方舟也，从方亢。大夫方舟。別作航，非。胡郎切。	176下	方	8下	409
				說文第三百一十一儿部				
0837	兌		去聲	兌，說也，从儿㕣。別作兊，从公，非。大外切。	176下	儿	8下	409
0019	充		上平	充，長也、高也，从儿，育省。別作珫，非。昌中切。	176下	儿	8下	409
				說文第三百一十二兄部				
0402	競		下平	競，競也，从二兄半，一曰敬也。隸作兢，俗，居陵切。	177上	兄	8下	410
				說文第三百一十四兒部				
0929	𡕢		去聲	弁，冕也。或作覍同。別作卞，非。皮變切，文二。	177上	兒	8下	410

				說文第三百一十五兜部				
0440	兜		下平	兜兜,鍪首鎧也,从口,从皃省。別作兠,非。當侯切。	177上	兜	8下	411
				說文第三百一十七禿部				
1001	秀	秀	去聲	禿,實也,有實之象下垂,从禾几。別作秀,从乃,非。息救切,文二。	177下	禿	8下	411
0167	穨		上平	穨,禿皃,从禿貴。別作頹,非。杜回切。	177下	禿	8下	411
				說文第三百一十八見部				
0915	見		去聲	見,視也,从儿,从目。別作現,非。古甸切。又賢遍切。	177下	見	8下	412
0048	覗		上平	覗,司人也,从見它。別作覘覰,竝非。式支切,文四。	178下	見	8下	414
				說文第三百一十九覒部				
0231	覒		上平	覒,很視也,从二見肩。別作覲,非。	178下	覒	8下	414
				說文第三百二十欠部				
0540	欨		上聲	欨,吹也,一曰笑意,从欠句。別作呴,非。火羽切。又況于切。	179上	欠	8下	415
1039	歖		入聲	歖,吹气也,从欠或。別作哦,非。於六切。	179上	欠	8下	415
0580	弞		上聲	弞,笑不壞顏也,从欠,从引省。別作哂,非。	179上	欠	8下	415
1047	欲		入聲	欲,貪也,从欠谷。別作慾,非。余蜀切。	179上	欠	8下	415
0704	歐		上聲	歐,吐也,从欠區。別作嘔,非。	179下	欠	8下	416
1089	歇		入聲	歇,欲歇也,从欠渴。今用渴,非。苦葛切,文二。	180上	欠	8下	417
0715	歙		上聲	歙,歙也,从欠酓。隸作飲,俗,於錦切。	180下	欠	8下	418
0246	次		下平	次,慕欲口液也,从水欠。別作涎,非。叙連切。	180下	欠	8下	418
				說文第三百二十二㳄部				
0954	盜		去聲	盜,私利物也,从㳄皿。別作盜,从次,非。文三。徒到切。	181上	㳄	8下	419
				說文第三百二十三旡部				

| 0980 | 䜻 | 去聲 | 諒（䜻），事有不善言諒也。《爾雅》：諒，薄也。別作亮，非。力讓切。 | 181上 | 旡 | 8下 | 419 |

說文第三百二十四頁部

0236	顛	下平	顛，頂也，从頁真。別作巔顚，竝非。都年切。	181下	頁	9上	420
1162	頟	入聲	頟，顙也，从頁各。別作額，非。五陌切。	181下	頁	9上	421
0170	頧	上平	頧，曲頤也，从頁不。別作髬頪頄，竝非。蒲枚切。	182上	頁	9上	421
0795	顧	去聲	顧，還視也，从頁雇，古慕切，俗別作顾，古文脜字。	182下	頁	9上	423
0542	頫	上聲	頫，低頭也，从頁，逃省。又作俛同。別作俯，非。	183上	頁	9上	424
0647	顥	上聲	顥，白皃，从頁景。別作皓，非。胡老切，文二。	183上	頁	9上	424

說文第三百二十五百部

| 0428 | 䀪 | 下平 | 䀪，面和也，从百，从肉。別作脜，非。 | 184上 | 百 | 9上 | 427 |

說文第三百二十六面部

| 0919 | 面 | 去聲 | 面，顏前也，从百，象形。別作面，非。弥箭切，文二。 | 184上 | 面 | 9上 | 427 |

說文第三百二十八首部

| 0567 | 𦣻 | 上聲 | 䪩，下首也，从首旨，康礼切。今以稽爲䪩𦣻，稽音古兮切，留止也。 | 184下 | 首 | 9上 | 427 |

說文第三百二十九㬎部

| 0243 | 縣 | 下平 | 縣，繫也，从系持㬎，借爲州縣之縣。別作懸，加心，非。胡涓切。 | 184下 | 㬎 | 9上 | 428 |

說文第三百三十須部

| 0057 | 頿 | 上平 | 頿，口上須也，从須此。別作髭，非。 | 184下 | 須 | 9上 | 428 |
| 0468 | 顄 | 下平 | 顄，頰須也，从須冄。別作髯，非。汝鹽切，文二。 | 184下 | 須 | 9上 | 428 |

說文第三百三十一彡部

| 0124 | 須 | 上平 | 須，面毛也，从頁彡，借爲所須字。別作鬚，非。相俞切。又作湏，荒内切，與沫同。 | 184下 | 彡 | 9上 | 428 |

			說文第三百三十三文部				
0195	交	上平	文，錯畫也，象交文。別作紋，非。無分切，文二。	185上	文	9上	429
0228	辡	上平	辡，駁文也，从文辡，今用班，从珏刀，分瑞玉也。別作斑，非。逋還切。	185上	文	9上	430
			說文第三百三十四彡部				
0563	鬍	上聲	鬍，髮皃，从彡爾。別作檷，非。奴禮切，文四。	185下	彡	9上	430
0229	鬡	上平	鬡，髮皃，从彡焂。別作鬡，非。莫班切。又莫賢切。	185下	彡	9上	431
0436	鬚	下平	鬚，髮皃，从彡音。作頙，非。步矛切，文二。	185下	彡	9上	431
0080	鬚	上平	鬐，髮隋也，从彡，隋省。別作鬌，非。直追切。	186上	彡	9上	432
0804	鬄	去聲	鬄，鬎髮也，从彡弟。別作剃，非。	186上	彡	9上	433
			說文第三百三十五后部				
0701	垕	上聲	垕，厚怒聲，从口后。別作吼吽，垃非。呼后切。	186下	后	9上	434
			說文第三百三十六司部				
0754	司	去聲	司，臣司事外者，从反后。又候望也。後人作伺俗。別作覗，非。相吏切。又息茲切。百	186下	司	9上	434
			說文第三百三十八卩部				
1069	桼	入聲	桼，脛頭卩也，从卩桼。別作膝，非。息七切。	187上	卩	9上	435
0638	卷	上聲	卷，卩曲也，从卩关，居轉切。別作捲，爲舒捲之捲，非。捲音巨員切，訓气勢也。	187上	卩	9上	435
			說文第三百四十三勹部				
1036	匊	入聲	匊，在手曰匊，从勹米。或作掬同。別作掬，非。居六切，文二。	187下	勹	9上	437
0492	冢	上聲	冢，高墳也，从勹豕。別作塚，非。知隴切。	188上	勹	9上	438

			說文第三百四十八厶部				
0766	巍		去聲	巍，高也，从嵬委，本牛威切，今人省山以爲魏國之魏，虞貴切。	189下	厶	9上	441
			說文第三百五十山部				
0972	崋		去聲	崋，山在弘農華陰，从山，華省。今俗用華。	190上	山	9下	443
0102	岨		上平	岨，石戴土也，从山且。別作砠，非。七余切，文二。	190下	山	9下	444
0356	岡		下平	岡，山脊也，从山网。隸作岡。別作崗罡，非。古郎切。	190下	山	9下	444
0021	崈		上平	崇，嵬高也，从山宗。別作崧，俗，鉏弓切。	191上	山	9下	444
0571	巒		上聲	巒，山小而銳也，从山絲。別作巆嶇礹，並非。落猥切，文二。	191上	山	9下	445
0374	崝		下平	崝，嶸也，从山青。別作崢，非。士耕切。	191上	山	9下	445
			說文第三百五十一屾部				
0128	嵞		上平	嵞，山名，一曰九江當嵞。作塗，非。同都切，文三。	191下	屾	9下	446
			說文第三百五十三广部				
0541	府		上聲	府，文書藏也，从广付。別作腑，非。方矩切，文二。	192上	广	9下	447
0996	廄		去聲	廄，馬舍也，从广叚，叚亦音。別作廏，从旣，非。	192下	广	9下	448
0546	庾		上聲	庾，水槽倉也，从广臾。別作㢞，非。以主切，文四。	192下	广	9下	448
0248	廛	廛	下平	廛，一畝半，一家之居，从广，从里，从八，从土。別作㕓㕓，竝非。直延切。	192下	广	9下	449
0500	侈		上聲	庨，廣也，从广侈。別作廖廖，並非。尺氏切。	192下	广	9下	449
0749	庇		去聲	庇，蔭也，从广比。別作芘庀，竝非。必至切。	193上	广	9下	450
1177	庈		入聲	庈，卻屋也，从广屰。別作斥，非。斥，古文厂字也。昌石切。	193上	广	9下	450

				說文第三百五十四厂部				
0820	厲		去聲	厲，旱石也，一曰嚴也、惡也、危也、大帶垂也，一曰唐也，从厂，蠆省。別作礪，非。力制切，文二。	193下	厂	9下	451
0757	厞		去聲	厞，隱也，从厂，非。別作陫靠，竝非。	194上	厂	9下	452
				說文第三百五十六危部				
0737	𢻱		去聲	𢻱，疲極也，从危支。別作𠡍，非。又去其切，𢻱嘔也。	194下	危	9下	453
				說文第三百五十七石部				
0686	磺		上聲	磺，銅鐵樸石，从石黃，古作丱，作礦鑛，非。古猛切。	194下	石	9下	453
0857	䃍		去聲	䃍，陊也，从石㒸，徒對切。又直類切。後人俗作墜。	194下	石	9下	454
1050	确		入聲	确，礊也，从石角。或作觳同。別作確，非。胡角切。	195上	石	9下	456
0960	䃺		去聲	䃺，石磑也，从石靡。別作磨，非。模卧切。	195下	石	9下	457
1134	䃉		入聲	䃉，斫也，从石箸。別作櫡斮鐯，並非。張略切。	195下	石	9下	457
0448	砧		下平	砧，石柎也，从石占。別作枮碪椹，竝非。知林切。	196上	石	9下	無
				說文第三百五十八長部				
0062	镾		上平	镾，久長也，从長爾。別作彌，非。	196上	長	9下	458
				說文第三百六十一而部				
0089	而		上平	而，頰毛，象形。別作髵，非。又作耏，奴代切，與耐同。	196下	而	9下	458
				說文第三百六十二部				
0106	豬		上平	豬，豕也，从豕者。又水所停者。別作猪潴，竝非。陟魚切。	196下	豕	9下	459
0241	豣		下平	豣，三歲豕肩相及者，从豕幵。別作豜，非。古賢切。	196下	豕	9下	459

				說文第三百六十三㣇部				
0286	𧰲		下平	𧰲，豕鬣如筆管者，从㣇，从高。籀文作豪。又九江郡，古鍾離國，隋改作州。別作濠亳，竝非。乎刀切。	197下	㣇	9下	460
0764	𧲝		去聲	𧲝，虫似豪豬，从㣇，胃省，作蝟同。隸作彙，非。	197下	㣇	9下	461
				說文第三百六十五豚部				
0211	豚		上平	豚，小豕也，从彖省，象形，从又持肉。或作豚同。別作㹠，非。徒魂切，文二。	197下	豚	9下	461
				說文第三百六十六豸部				
0037	𧳜		上平	𧳜，猛獸也，从豸庸。別作𤜶，非。	198上	豸	9下	462
1096	貀		入聲	貀，獸無前足，从豸出。作豽，非。女滑切。	198上	豸	9下	462
1155	貈		入聲	貈，似狐善睡獸，从豸舟，下各切。別作貉，音莫白切，豸種也。	198上	豸	9下	462
0217	豻		上平	豻，胡地野犬名，从豸干。或作犴。別作貋犴，竝非。河干切。	198上	豸	9下	462
0893	豻		去聲	豻，胡地野狗也，从豸干。或作犴。別作貋，非。	198上	豸	9下	462
0096	貍		上平	貍，伏獸似貙，从豸里。別作狸，非。陵之切。	198上	豸	9下	462
0265	貂		下平	貂，鼠屬，大而黃黑，出胡丁零國，从豸召。別作鼦，非。都僚切。	198上	豸	9下	463
1157	貉		入聲	貉，北方豸種，从豸各。別作貊，从百，非。莫白切。	198上	豸	9下	463
0998	貁		去聲	貁，鼠屬，善旋，从豸穴。別作狖，非。余救切，文三。	198下	豸	9下	463
0283	貓		下平	貓，貍屬，从豸苗。別作猫，非。	198下	豸	9下	無
				說文第三百六十七𤉡部				
0517	𤉡		上聲	𤉡，野牛而青，象形，古文作兕。別作兕，非。徐姊切。	198下	𤉡	9上	463
				說文第三百六十九象部				
0773	豫		去聲	豫，象之大者，不害於物，从象予，一曰安也，先也。後人別作預，俗。羊茹切，文二。	198下	象	9下	464

				說文第三百七十馬部				
0399	𩢷		下平	馮，馬行疾（也），从馬仌，一曰依也。別作憑，非。皮冰切。又房戎切。	200下	馬	10上	470
0480	𩦠		下平	飄，馬疾步也，从馬風。別作帆颿，竝非。	201上	馬	10上	471
0892	𩢍		去聲	騞，馬突也，从馬旱。別作馯，非。矣旰切。文五。	201上	馬	10上	471
0310	𩥫		下平	羸，驢父馬母，从馬羸。或作騾。別作騾，非。洛戈切，文二。	202上	馬	10上	473
0013	𩥁		上平	鬈，馬鬣也，从馬㑞。別作鬈鬚，竝非。	202上	馬	10上	無
0959	𩢋		去聲	馱，負物也，从馬大。別作馱，非。唐佐切。	202上	馬	10上	無
0382	𩢴		下平	驊，馬赤色也，从馬，解省。別作騂，非。	202上	馬	10上	無
				說文第三百七十二鹿部				
0321	𪎚		下平	麚，牡鹿也，从鹿叚，夏至解角。別作麚，非。古牙切，文三。	202下	鹿	10上	474
0194	𪊽		上平	麇，麞也，从鹿，囷省。籀文不省（𪋿）。別作麕，非。居筠切。	202下	鹿	10上	475
0337	𪊖		下平	麞，麇屬也，从鹿章。別作獐，非。諸良切。	202下	鹿	10上	475
0146	𪊥		上平	麑，狻麑也，从鹿兒。別作猊，非。五雞切。	203上	鹿	10上	476
0476	𪎂		下平	麢，山羊而大者，細角，从鹿咸。別作羬，非。胡讒切。	203上	鹿	10上	476
0395	𪋐		下平	麢，大羊細角，从鹿霝。別作羚，非。	203上	鹿	10上	476
				說文第三百七十三麤部				
0134	𪋇		上平	麤，行超遠也，从三鹿。此非精粗字。別作麄，非。倉胡切，文三。	203上	麤	10上	476
				說文第三百七十五兔部				
0206	𡘽		上平	冤，屈也，从兔在冖下。俗作寃，非。於袁切。	203下	兔	10上	477

				說文第三百七十七犬部				
1182	臭	入聲	臭，犬視皃，俗別作闃，靜也，从門臭，非。古義當只用臭字，古闃切。又苦臭切。	204上	犬	10上	478
1206	默	入聲	默，犬暫逐人也，一曰靜也。別作嘿，非。莫北切，文二。	204上	犬	10上	478
0193	狀	上平	狀，犬吠聲，从犬斤。別作狺，非。語巾切。	204下	犬	10上	479
0619	獡	上聲	獡，秋田也，从犬霝。別作獮，非。文二。	205上	犬	10上	480
1227	獵	入聲	獵，放獵逐禽也，从犬巤。別作猎，非。良涉切。	205上	犬	10上	480
1135	玃	入聲	玃，母猴也，从犬矍，《爾雅》玃父善顧。別作蠼，非。俱縛切。	205下	犬	10上	481
0416	猶	下平	猶，玃屬也，弌道若也。別作猷，非。	205下	犬	10上	481
0271	猋	下平	猋，犬走皃，从三犬。《爾雅》：貝居陸曰猋，在水曰蠬。別作賤，非。甫遙切。	206上	犬	10上	482
			說文第三百七十九鼠部				
0999	鼬	去聲	鼬，如鼠赤黃而大，食鼠者。別作鼪，非。衆	206下	鼠	10上	483
			說文第三百八十二火部				
0247	然	下平	然，燒也，从火肰。別作燃，非。如延切。	207下	火	10上	485
1080	燬	入聲	燬，㷬蟲也，从火毀。毀，古悖字。別作燬，非。敷勿切。	207下	火	10上	485
0645	熬	上聲	熬，交灼木也，从火，教省。別作熬，非。古巧切。	208上	火	10上	486
0162	灰	上平	灰，死火餘㶳也，从火又。別作灰，从厂，非。呼恢切。	208上	火	10上	486
0209	褢	上平	褢，炮肉也，以微火溫肉，从火衣。作熅，非。烏痕切。	208下	火	10上	487
1204	㷷	入聲	㷷，以火乾肉，从火，畐省。別作開焟，並非。符逼切。	208下	火	10上	487
0765	㷷	去聲	㷷，从上案下也，从尸又，持火以㷷申繒也。別作熨，非。於胃切。	208下	火	10上	487

0874	燽	燽	去聲	炱，火餘也，从火聿。別作燼，非。徐刃切，文二。	209上	火	10上	488
0696	煣		上聲	煣，屈申木也，从火柔。別作揉，非。人九切。	209上	火	10上	488
0199	焚		上平	焚，燒田也，从火林。別作焚，非。又符分切。	209上	火	10上	488
1115	焆		入聲	焆，焆煙皃，从火肙。別作烓，非。因悅切。	209下	火	10上	489
0939	照		去聲	照，明也，从火昭。別作炤，非。之少切。	209下	火	10上	489
0940	燿		去聲	燿，照也，从火翟。別作耀，非。弋笑切。	209下	火	10上	490
0097	煇		上平	煇，光也，从火軍。別作輝，非。況章切。	209下	火	10上	490
1219	爆		入聲	爆，盛也，从火暴。別作燁，非。	209下	火	10上	490
0201	煖		上平	煖，溫也，从火爰。別作暄，非。	210上	火	10上	490
0592	煗		上聲	煗，溫也，从火耎。別作暖，非。乃管切。	210上	火	10上	490
0956	燾		去聲	燾，溥覆照也，从火壽。別作幬，非。幬，正作幬，禪帳也，音直由、重朱二切。	210上	火	10上	490
0029	烽		上平	熢，燧候表也，从火逢。別作烽，非。	210上	火	10上	491
			說文第三百八十三炎部					
0726	燄		上聲	燄，火行微燄燄也，从炎臽。別作焰爓，竝非。又以贍切。	210下	炎	10上	491
0467	燅		下平	燅，於湯中爚肉也，从炎，熱省。或作燂。別作燖，非。徐鹽切。	210下	炎	10上	491
0878	粦		去聲	粦，兵死及牛馬之血為粦，粦，鬼火也，从炎舛。別作燐，非。良刃切，文二。	210下	炎	10上	492
			說文第三百八十四黑部					
0866	黱		去聲	黱，畫眉也，从黑朕。別作黛，非。徒耐切，文二。	211下	黑	10上	493
1203	黬		入聲	黬，羊裘之縫，从黑或。作緎，非。	211下	黑	10上	493

0369	黥		下平	黥，墨刑在面也，从黑京。或作剠。別作剖，非。渠京切。	211下	黑	10上	494
				說文第三百八十五囪部				
0045	囪		上平	囪，在屋曰囪。或作窗窻。別作牕，非。楚江切。	212下	囪	10上	495
0009	悤		上平	悤，多遽悤悤也，从心囪。別作忩，非。倉紅切。	212下	囪	10上	495
				說文第三百八十六焱部				
0370	熒		下平	熒，屋下鐙燭之光，从焱，从冂，《明堂月令》：腐艸爲螢。《說文》無螢字。《爾雅》曰：熒火即照，只作熒字。戶扃切。	212下	焱	10上	495
				說文第三百八十七炙部				
1178	炙		入聲	炙，炮肉也，从肉在火上，之石切。又之夜切。別作炙，非。	212下	炙	10上	495
				說文第三百八十八赤部				
0610	赧		上聲	赧，面慚赤也，从赤夋。夋音人善切。俗作赧，从艮，與夋少異。艮服音服，从卩又。夋，从尸又。別作被，非。女版切。	213上	赤	10下	496
				說文第三百八十九大部				
0831	大		去聲	大，天大地大人亦大，象形。別作太，非。又徒蓋切。	213上	大	10下	496
				說文第三百九十亦部				
1181	亦		入聲	亦，人之臂亦也，从大，象兩亦之形。或作掖，臂下也。別作腋，非。羊益切。	213下	亦	10下	498
				說文第三百九十二夭部				
0941	喬		去聲	喬，高而曲也，一曰山銳而高，从夭，从高省。後人別作嶠。巨嬌切。又渠廟切。	214上	夭	10下	499
0690	㚔		上聲	㚔，吉而免凶也，从屰，从夭。隷作幸，別作倖，竝非。胡耿切。	214上	夭	10下	499
0210	奔		上平	奔，走也，从夭，賁省。別作犇，非。博昆切。	214上	夭	10下	499
				說文第三百九十七幸部				
0432	盩		下平	盩，引擊也，从幸攴見血也，〈扶風〉有盩厔縣。俗作盩，從執，非。張流切。	215上	幸	10下	501

1037			入聲	籒，窮理罪人也，从幸，从人，从言，从竹。或作簕同。别作鞫，非。	215上	幸	10下	501
				說文第三百九十八奢部				
0659			上聲	奲，富奲奲皃，从奢單。别作𡘊，非。丁可切。	215上	奢	10下	501
				說文第四百零一夰部				
0948			去聲	奡，嫚也，从百，从夰。别作奡，非。五到切。	215下	夰	10下	503
0648			上聲	昦，春天也，从日夰。别作昊，非。	215下	夰	10下	503
				說文第四百零三夫部				
0068			上平	規，有法度也，从夫見。别作槻槼，竝非。均窺切，文二。	216上	夫	10下	504
				說文第四百零四立部				
0745			去聲	竦，臨也，从立隶。别作莅，非。力至切。	216上	立	10下	504
0187			上平	竣，从立，从夋，七倫切，偓竣也。别作踆，从足，非。	216下	立	10下	505
				說文第四百零五竝部				
0803			去聲	普，廢一偏下也，从竝白。或从曰。或作朁同。别作替，非。他計切，文三。	216下	竝	10下	505
				說文第四百零七思部				
0173			上平	思，容也。又頟也，从囟，从心。别作腮顋顋，竝非。穌來切。又息兹切。	216下	思	10下	506
				說文第四百零八心部				
1051			入聲	懇，美也，从心額，一曰遠也。後人别作邈。莫角切。	217上	心	10下	507
0574			上聲	愷，樂也。又南風也，通作豈。别作凱颽，非。可亥切。	217上	心	10下	507
0684			上聲	忼，慨也，从心亢。别作慷，非。苦浪切。又苦朗切。	217下	心	10下	507
0883			去聲	憖，問也，謹敬也，从心从猌。别作憗，非。魚覲切。又五分切。	218上	心	10下	508
1199			入聲	意，滿也，从心啻，一曰十萬也。别作憶，非。於力切，文二。	218下	心	10下	510

1144	寠	入聲	愙，敬也，从心客。別作恪，非。苦各切。	218下	心	10下	510
0489	𢤴	上聲	慫，懼也，从心，雙省。別作悚，非。息拱切，文二。	218下	心	10下	510
0869	炁	去聲	炁，惠也，从心旡，古文作㤅，篆文作炁，从旣省，今作愛，从旡譌，烏代切。	219上	心	10下	510
0629	怕	上聲	怐，勉也，从心面。別作恦，非。	219上	心	10下	511
0827	𢝰	去聲	愧，習也，从心曳。別作𢜴，非。	219上	心	10下	511
0818	愒	去聲	愒，息也，从心曷。別作憩，非。去例切。	219下	心	10下	512
0849	怪	去聲	怪，異也，从心圣。別作恠，非。古壞切。	220上	心	10下	514
0864	㤤	去聲	忿，忽也，从心介。別作㤣，非。呼介切。	220下	心	10下	514
0483	懜	上聲	懜，不明也，从心夢。別作懞，非。武總切。又武亘切。	221上	心	10下	515
0993	懜	去聲	懜，不明也，从心夢。別作懞，非。武亘切。	221上	心	10下	515
0250	愆	下平	愆，過也，从心衍。或作寒䇂。別作僁，非。	221上	心	10下	515
1152	惡	入聲	惡，過也，从心亞。別作悪，非。烏各切。	221下	心	10下	516
0005	恫	上平	恫，痛也，从心同。別作痌恿，竝非。他紅切。	222上	心	10下	517
0587	愍	上聲	愍，痛也，从心敃。別作惽，非。	222上	心	10下	517
0531	㥯	上聲	㥯，痛聲也，从心依。《孝經》曰：哭不㥯。別作㱧，非。於豈切。	222上	心	10下	517
0717	感	上聲	感，恨也，从心咸。別作憾，非。一曰動人心也。又古禫切。	222下	心	10下	517
0854	憊	去聲	憊，憼也，从心葡。或作痛同。別作憊，非。蒲拜切。	223下	心	10下	519
0525	恥	上聲	恥，辱也，从心耳。別作耻，非。敕里切。	223下	心	10下	519

—275—

1032	悪		入聲	悪,憨也,从心而。別作忸聰,並非。	223下	心	10下	519
0238	憐		下平	憐,哀也,从心粦。別作怜,非。落賢切。	223下	心	10下	519
				說文第四百零九惢部				
0505	蕊		上聲	蕊,垂也,一曰艸木華蕊,从惢糸。別作蕊俗。《玉篇》作蕤同,如壘切。	224上	惢	10下	520
				說文第四百一十水部				
0058	沱		上平	沱,江別流也,从水它。又沼也、陂也。別作池虵陀,竝非。陳知、徒何二切。	224下	水	11上	522
0129	涂		上平	涂,水名,从水余。別作塗途,竝非。	225上	水	11上	525
1068	漆		入聲	漆,水名,从水桼。別作柒淶,竝非。戚悉切。	225下	水	11上	528
0473	沾		下平	沾,水名,一曰益也,从水占。別作添,非。他廉切。栿	226上	水	11上	531
0634	沇		上聲	沇,水名,从水允。別作兗濂,竝非。以轉切。	226上	水	11上	532
0304	濄		下平	濄,水名,从水過。別作渦,非。	227上	水	11上	539
0823	泄		去聲	泄,水名,从水世。今作洩,音私列切,非。	227上	水	11上	539
0932	汳		去聲	汳,水受陳留,浚儀陰溝,至蒙爲雝水,東入于泗,从水反。別作汴,非。	227上	水	11上	540
1009	濅		去聲	濅,水名,从水寑,一曰漬也。別作浸,非。子鴆切。	228上	水	11上	545
1158	洦		入聲	洦,淺水也,从水百。別作泊,从白,非。匹白切。	229上	水	11上	549
0280	淖		下平	淖,从水,朝省。隸作潮俗。直遙切。	229上	水	11上	551
1094	湉		入聲	湉,水流聲,从水昏。或作湣同。隸作活,非。戶括切。	229下	水	11上	552
0983	況		去聲	況,寒水也,一曰矧也,从水兄。別作況,非。許訪切。	229下	水	11上	552
0023	沖		上平	沖,涌搖也,从水中。別作冲种,竝非。直弓切。	229下	水	11上	552

1114	滴		入聲	滴，涌出也，一曰水中坻，人所爲爲滴，從水喬。別作沇，非。	230上	水	11上	553
0493	涌		上聲	涌，滕也，從水甬。別作湧，非。余隴切，文二。	230下	水	11上	554
1120	洌		入聲	洌，水清也，從水列。別作冽，從仌，非。良辥切。	230下	水	11上	555
0400	澂		下平	澂，清也，從水，徵省。別作澄，非。直陵切。	231上	水	11上	555
0450	淫		下平	淫，浸淫隨理，一曰久雨也，從水㸒。別作霪，非。余箴切。	231下	水	11上	556
0807	泠		去聲	泠，水不利也，從水今。別作淋，非。郎計切。	231下	水	11上	556
0921	淺		去聲	淺，不深也，一曰水激也，從水戔。別作濺，非。子賤切。又七衍切。	231下	水	11上	556
0314	沙		下平	沙，水散石也，從水，從少。別作砂紗，竝非。所加切。	232上	水	11上	557
0554	滸		上聲	滸，水厓也，從水午。別作滸，非。呼古切。	232上	水	11上	557
0015	漅		上平	漅，小水入大水也，從水眾。別作灙，非。	232上	水	11上	558
0848	泬		去聲	派，別水也，從水辰。別作派，非。匹賣切。	232上	水	11上	558
1111	決		入聲	泆，行流也，從水夬。別作決，從冫，非。古穴切，文四。	233上	水	11上	560
1191	滴（瀋）		入聲	滴（瀋），水注也，從水啇。別作滴，從水適，非。	233上	水	11上	560
0781	注		去聲	注，灌也，一曰解也、識也，從水主。作註，非。之戍切。	233上	水	11上	560
1041	沃		入聲	沃，溉灌也，從水芺。別作沃，非。烏鵠切。	233上	水	11上	560
0176	津		上平	津，水渡也，從水聿。別作津，俗，將鄰切。	233上	水	11上	560
0792	濩	濩	去聲	濩，雨流霤下，從水蒦，一曰大濩，湯樂名。別作護，非。胡故切。又胡郭切，文二。	234上	水	11上	562
0007	濛		上平	濛，微雨也，從水蒙。別作霿，非。	234上	水	11上	563

0451	沈		下平	沈,陵上滈水也,从水冘。別作沉,非。直林切。又尸甚切。	234上	水	11上	563
1090	渴		入聲	渴,盡也,从水曷。又渠列切。今用竭,非。竭,負舉也。	235上	水	11上	564
0584	準		上聲	準,平也,从水隼。別作准,非。之允切。	235上	水	11上	565
1092	抹		入聲	潗,拭滅皃,一曰塗也,从蔑水。別作抹,非。莫達切,文二。	235下	水	11上	566
0631	湎		上聲	湎,沈於酒也,从水面。別作醔醔,竝非。	236上	水	11上	567
0332	漿		下平	漿,酢漿也,从水,將省。隸作漿,即良切。	236上	水	11上	567
0276	澆		下平	澆,㳄也,从水堯。別作澆,非。古堯切,文二。	236下	水	11上	568
1057	溢		入聲	溢,器滿也,一曰米二十四分升之一也,一曰二十四兩爲溢,从水益。別作鎰,非。弋質切。	236下	水	11上	568
0862	沬		去聲	沬,洒面也,从水未。古作湏,从水頁。別作靧頮,竝非。荒内切,文二。	237上	水	11上	568
1116	渫		入聲	渫,除去也,从水枼。別作泄洩,竝非。私列切。泄,音余制切,水名也。文三。	237上	水	11上	569
0898	瀚		去聲	瀚,濯衣垢也,从水翰。或作浣同。別作澣,非。胡玩切。	237上	水	11上	569
0945	櫂		去聲	濯,所以進船也,从水翟。或作棹櫂,後人所加。直教切。	237上	水	11上	569
0830	泰		去聲	泰,滑,从廾,从水大,古文作夳同。別作汰,非。他蓋切,文二。	237上	水	11上	570
0731	湩		去聲	湩,乳汁也,从水重。別作𪔙𪔙,竝非。多貢切。	237下	水	11上	570
0805	洟		去聲	洟,鼻液也,从水夷。今作涕,从水弟,他礼切,泣也。	237下	水	11上	570
1122	瀛		入聲	瀛,議皋也,从水獻。別作瀻,非。	237下	水	11上	571
0127	渝		上平	渝,變汙也,一曰水名,一曰歌也。別作歈,非。	237下	水	11上	571
0901	泮		去聲	泮,諸侯鄉射之宮,一曰冰釋也,从水半。別作冸,从仌,非。	237下	水	11上	571

0485	澒		上聲	澒，丹沙所化爲水銀，从水項。別作汞，非。呼孔切。	237下	水	11上	571
0891	潠		去聲	潠，含水噴也，从水巽。別作噀，非。穌困切。	238下	水	11上	無
				說文第四百一十二瀕部				
0178	瀕		上平	瀕，水厓人所賓附，頻戚不前而止，从頁涉。別作濱，非。符眞切，文三。	239上	瀕	11下	573
				說文第四百一十四〈〈部				
0183	粼		上平	粼，水生厓石間粼粼也，从〈〈舛。別作磷，非。力珍切，文二。	239上	〈〈	11下	574
				說文第四百一十五川部				
1202	惐		入聲	惐，水流也，从川或。別作淢，非。	239下	川	11下	574
0033	邕		上平	邕，四方有水，自邕城池者，从川邑。別作壅，非。	239下	川	11下	574
0602	侃		上聲	侃，剛直也，从𠈇。𠈇，古文信字，从川，取其不舍晝夜也。別作偘，非。空旱切。	239下	川	11下	574
0426	州		下平	州，水中可居曰州，从重川。別作洲，非。職流切。	239下	川	11下	574
				說文第四百一十二灥部				
0203	原		上平	原，水原本也，正作厵，从三泉出厂下。或从一泉。別作源，非。愚袁切。	239下	灥	11下	575
				說文第四百一十九底部				
1169	𧖤		入聲	𧖤，血理分衺行體者，从底血，後人或从底肉作脈。別作脉，非。莫獲切。	240上	底	11下	575
1186	覛	𧠲	入聲	覛，衺視也，一曰求也，从底見。別作𧠲，从不，非。莫狄切，文二。	240上	底	11下	575
				說文第四百二十谷部				
0145	谿		上平	谿，山瀆無所通者，从谷奚。別作溪，非。苦兮切。	240上	谷	11下	575
0003	豅		上平	豅，大長谷也，从谷龍。別作谾，非。盧紅切，文二。	240上	谷	11下	576
				說文第四百二十一仌部				
1063	凓		入聲	凓，風寒也，从仌畢。別作飂，非。	240下	仌	11下	577

說文第四百二十二雨部							
1123	霅	入聲	霅，凝雨說物者，从雨彗，隸作雪，俗，相絕切。	241上	雨	11下	578
0779	霚	去聲	霚，地气發天不應，从雨敄，俗作霧，亡遇切。	242上	雨	11下	579
說文第四百二十四魚部							
0598	鯀	上聲	鯀，魚也，从魚系。又禹父名也。別作鯤，非。古本切。	243上	魚	11下	581
1174	鰂	入聲	鰂，魚名，从魚臂。別作鰂，非。鰂音昨則切，與烏鰂字同。	243下	魚	11下	583
0423	鰌	下平	鰌，鰼也，从魚酋。別作鰍，非。七由切，文二。	243下	魚	11下	583
0558	鮆	上聲	鮆，飲而不食，刀魚也，从魚此。別作鱭，非。徂禮切。	243下	魚	11下	583
0623	鱓	上聲	鱓，魚名，似蛇者。《戰國策》曰：蠶似蜀、鱓似蛇。从魚單。別作鱔，非。	244上	魚	11下	584
1209	鰂	入聲	鰂，烏鰂，魚名，从魚則。或作鯽同。別作鰂，非。	244下	魚	11下	585
0387	鮏	下平	鮏，魚臭也，从魚生。別作鯹，非。	244下	魚	11下	585
0669	鮺	上聲	鮺，藏魚也，从魚，盏省。別作鮓，非。側下切。	244下	魚	11下	586
1098	鮁	入聲	鮁，鱣鮪鮁鮁，从魚犮。別作鱍，非。	245上	魚	11下	587
說文第四百二十六燕部							
0916	燕	去聲	燕，玄鳥也，象形，一曰合語也、合飲也。別作鷰讌醼，竝非。於甸切，文二。	245下	燕	11下	587
說文第四百二十七龍部							
0027	龍	上平	龍，鱗蟲之長，从肉，飛之形，童省。別作龒龓龍，竝非。力鍾切。	245下	龍	11下	588
說文第四百二十九，非部							
0148	陸	上平	陸，牢也，所以拘，非也，从非龍，鱗蟲之長陸省。別作隑狴，竝非。邊兮切。	246上	，非	11下	588
說文第四百三十三至部							
0171	臺	上平	臺，觀四方而高者，从至，从之，从高省。別作坮，非。徒哀切，文二。	247上	至	12上	591

			說文第四百三十五鹵部				
0551	鹵		上聲	鹵，西方鹹地也，从西省，象鹽形，別作滷瀂，並非。	247上	鹵	12上	592
0301	鹺		下平	鹺，鹹也，从鹵，差省。隸作鹺。別作醝，非。	247上	鹵	12上	592
0463	鹽		下平	鹽，鹹也，从鹵監。別作塩壚，竝非。余廉切，文二。	247上	鹵	12上	592
			說文第四百三十七戶部				
1172	戹		入聲	戹，隘也，从戶乙，於革切。別作厄，五果切。阨軶䩹搤呝之類，皆當从戹。	247下	戶	12上	592
			說文第四百三十八門部				
0220	闌		上平	闌，門遮也，从門柬。別作欄攔䦨，竝非。洛干切。	248下	門	12上	595
0801	閉		去聲	閉，闔門也，从門才，所以距門也，作閈，非。博計切。	248下	門	12上	596
0462	闇		下平	闇，治喪廬也，从門音。高宗梁闇，三年不言，何謂梁闇。伏生《書‧大傳》：楣謂之梁闇，讀如鶉。《禮‧喪服四制》：卒哭後翦屏柱，楣謂之梁闇，晉賈后取妹夫韓壽子養之，託梁闇所生。別作庵，非。烏含切。又烏紺切。	249上	門	12上	596
1130	闔		入聲	闔，關下牡也，从門龠。別作鑰，非。	249上	門	12上	596
1011	闞		去聲	闞，望也，一曰邑名，一曰姓也，从門敢。古濫切。又許濫切，獸怒聲。別作㘚，非。	249上	門	12上	596
1095	闊		入聲	闊，疏也，从門㓉。隸作闊，非。苦括切。	249上	門	12上	597
0586	閔		上聲	閔，弔者在門也，从門文。別作憫，非。眉殞切，文二。	249上	門	12上	597
			說文第四百三十九耳部				
0390	聽		下平	聽，聆也，从耳悳壬，古者治官處謂之聽事。後人別作廳，非。他丁切，文二。	250上	耳	12上	598
1194	職		入聲	職，記微也，从耳戠。別作軄，非。之弋切。	250上	耳	12上	598
0490	聳		上聲	聳，生而聾曰聳，从耳，从從省。隸作聳，不省。	250上	耳	12上	598

			說文第四百四十臣部				
0513	Fﾊ	上聲	陀，本古熙字，俗音牀史切，以爲階陀之地。	250下	臣	12上	599
			說文第四百四十一手部				
0899		去聲	擘，手擘也，从手取。別作腕梚，竝非。烏貫切。	251上	手	12上	600
0249		下平	攘，摳衣也，从手襄。別作攪，非。去虔切，文三。	251上	手	12上	600
0457		下平	捡，急持衣袵也，从手金。或作撳同。別作擒，非。	251下	手	12上	603
0769		去聲	據，杖持也，从手豦。別作㨿，非。居遇切。	251下	手	12上	603
0723		上聲	擥，撮持也，从手監。別作攬，非。盧敢切。	252上	手	12上	603
0151		上平	攜，提也，从手雟。別作携，非。戶圭切。	252上	手	12上	604
0910		去聲	摜，習也，从手貫。或作遦同。別作慣串，竝非。古患切。	253下	手	12上	607
1180		入聲	擿，搔也，从手適，一曰投也。別作擲，非。直隻切。	253下	手	12上	607
0641		上聲	擾，煩也，从手夒。別作擾，非。而沼切，文二。	253下	手	12上	607
1235		入聲	拹，摺也，从手劦，一曰拉也。別作擶，非。虛業切。	253下	手	12上	608
0817		去聲	瘞，引縱曰瘞，从手，瘛省。別作痸，非。	254上	手	12上	608
0272		下平	搖，動也，从手䍃。別作颻，非。余招切，文四。	254上	手	12上	608
0230		上平	掔，固也，从手取。別作掔，非。苦閑切，文二。	254上	手	12上	609
0691		上聲	抍，上舉也，从手升。或作撜同。別作拯，非。蒸上聲。	254上	手	12上	609
0259		下平	擩，染也，从手需。別作擩，非。而宣切。又而主切。	254下	手	12上	610
0930		去聲	拊，拊手也，从手弁。別作拚，非。	254下	手	12上	610

1139	㧪		入聲	拓，拾也。又展也，从手石。或作摭同。別作托，非。他各切。又之石切，文二。	255上	手	12上	611
0886	攈		去聲	攈，拾也，从手麋。別作捃，非。居運切。	255上	手	12上	611
0654	擣		上聲	擣，手推也，从手𦰩。別作搗，非。都皓切。	255上	手	12上	611
0636	攓		上聲	攓，拔取也，南楚語，从手寒。別作搴攐，竝非。	255上	手	12上	611
0309	捼		下平	捼，手相摩也，从手委。別作挼撋，竝非。奴禾切。又儒垂切。	255下	手	12上	611
0716	搣		上聲	搣，搖也，从手咸。別作撼，非。胡感切，文二。	255下	手	12上	612
0147	批		上平	𢴩，反手擊也，从手𤰇。別作批，非。匹齊切。	255下	手	12上	612
1073	挃		入聲	挃，穫禾也，从手至。別作𦶠，非。陟栗切。	256上	手	12上	614
0991	掕		去聲	掕，止馬也，从手夌。別作勑，非。里孕切。	256下	手	12上	614
0376	抨		下平	抨，撣也，一曰使也，从手平。別作伻，非。普耕切。	256下	手	12上	614
0262	捲		下平	捲，气勢也，从手卷。《國語》曰：有捲勇，一曰收也。巨負切。今俗作居轉切，以爲舒捲之捲，文二。	256下	手	12上	614
0568	捭		上聲	捭，兩手擊也，从手甲。別作擺，非。北買切。	256下	手	12上	615
1055	𢶏	𥵶	入聲	𢶏，刺也，从手，籍省。《周禮》曰：𢶏魚鼈。別作擉，非。測角切。又士革切。	257上	手	12上	615
0615	撚		上聲	撚，執也，一曰操也，从手然。別作捻，非。乃殄切。	257上	手	12上	615
0844	挂	𦂷	去聲	挂，畫也，从手圭。別作掛，非。古賣切，文二。	257上	手	12上	615
0824	拽		去聲	拽，捈也，从手世。別作拽，非。	257上	手	12上	616
0894	扞		去聲	扞，快也，从手干。別作捍，非。	257下	手	12上	616
0073	摩		上平	摩，旌旗指麾也，从手靡。別作麾，非。許爲切。	257下	手	12上	616

0429	搜		下平	搜，衆意也，一日求也，从手叜。別作瘦，非。所鳩切，文二。	257下	手	12上	617
0108	㧪	㩻	上平	㩻，舒也。又㩻蒱戲也，从手雩。別作攄，非。丑居切，文二。	258上	手	12上	無

<table>
<tr><td colspan="9" align="center">說文第四百四十二乖部</td></tr>
<tr><td>1173</td><td>脅</td><td></td><td>入聲</td><td>脅，背呂也，从肉乖。別作脊，非。資昔切，文四。</td><td>258上</td><td>乖</td><td>12上</td><td>617</td></tr>
<tr><td colspan="9" align="center">說文第四百四十三女部</td></tr>
<tr><td>0946</td><td>妞</td><td></td><td>去聲</td><td>妞，人姓也，从女丑。《商書》曰：無有作妞。呼到切。別作好，呼皓切。</td><td>258下</td><td>女</td><td>12下</td><td>619</td></tr>
<tr><td>0671</td><td>㚤</td><td></td><td>上聲</td><td>㚤，少女也，从女毛。別作姹，非。丑下切。</td><td>258下</td><td>女</td><td>12下</td><td>619</td></tr>
<tr><td>0651</td><td>嫂</td><td></td><td>上聲</td><td>嫂，兄妻也，从女叜。別作㛮，非。</td><td>259下</td><td>女</td><td>12下</td><td>621</td></tr>
<tr><td>1074</td><td>姪</td><td></td><td>入聲</td><td>姪，兄之女也，从女至。別作妷，非。直質切。</td><td>259下</td><td>女</td><td>12下</td><td>622</td></tr>
<tr><td>0665</td><td>嫷</td><td></td><td>上聲</td><td>嫷，南楚之外謂好曰嫷，从女隋。俗省作媠，別作妥，竝非。徒果切，文二。</td><td>260下</td><td>女</td><td>12下</td><td>624</td></tr>
<tr><td>0482</td><td>姛</td><td></td><td>上聲</td><td>姛，直項皃，从女同。別作頭，非。他孔切。</td><td>261上</td><td>女</td><td>12下</td><td>625</td></tr>
<tr><td>0385</td><td>㜪</td><td></td><td>下平</td><td>㜪，材緊也，从女㷔，一曰獨也。《春秋傳》曰：㜪㜪在疚。別作惸，非。渠營切。</td><td>261下</td><td>女</td><td>12下</td><td>625</td></tr>
<tr><td>0662</td><td>婐</td><td></td><td>上聲</td><td>婐，姽也，一曰女侍曰婐也，从女果。別作矮，非。烏果切。</td><td>261下</td><td>女</td><td>12下</td><td>625</td></tr>
<tr><td>0460</td><td>媅</td><td></td><td>下平</td><td>媅，樂也，从女甚。別作妉，非。丁含切。</td><td>262上</td><td>女</td><td>12下</td><td>626</td></tr>
<tr><td>0529</td><td>娓</td><td></td><td>上聲</td><td>娓，順也，从女尾。《易》曰：定天下之娓娓。俗別作亹，字書所無，不知所從，無以下筆。</td><td>262上</td><td>女</td><td>12下</td><td>626</td></tr>
<tr><td>0308</td><td>媻</td><td></td><td>下平</td><td>媻，奢也，从女般。別作婆，非。薄波切。</td><td>262下</td><td>女</td><td>12下</td><td>627</td></tr>
<tr><td>0384</td><td>嬰</td><td></td><td>下平</td><td>嬰，頸飾。又女曰嬰、男曰兒，从女賏。別作㜪㜪，竝非。於盈切。</td><td>262下</td><td>女</td><td>12下</td><td>627</td></tr>
<tr><td>0340</td><td>妝</td><td></td><td>下平</td><td>妝，飾也，从女，牀省。別作粧，非。</td><td>263上</td><td>女</td><td>12下</td><td>628</td></tr>
</table>

0839	㝰	去聲	妎，妒也，从女介。別作嬼，非。胡蓋切。	263上	女	12下	628
0791	妒	去聲	妒，婦妒夫也，从女戶。別作妬，非。當故切。	263上	女	12下	628
0441	婾	下平	婾，巧黠也，从女俞，通用愉。別作偷，非。託矦切。	263下	女	12下	629
0608	嬾	上聲	嬾，懈怠也，一曰臥也，从女賴。別作懶，非。洛旱切。	264上	女	12下	630
0624	嫩	上聲	㜷，好皃，从女奚，而沇切。案：《切韻》又奴困切。別作軟嫩，竝非。	264下	女	12下	631
0657	媻	上聲	媻，有所恨也，从女，从嗇省。別作惱，从心，非。	265上	女	12下	632
			說文第四百五十氐部				
0138	氐	上平	氐，至也，从氏下一。一，地也，一曰下也，都兮切。又丁禮切。別作低，非。古文二。	266上	氐	12下	634
			說文第四百五十一戈部				
0020	戎	上平	戎，兵也，从戈甲。隸作戎。別作狨，非。而融切。	266上	戈	12下	無
0084	戣	上平	戣。《周禮》：侍臣執戣。从戈癸。別作鍨，非。	266上	戈	12下	636
1167	戟	入聲	戟，有枝兵也，从戈軌。別作戟，从卓，非。紀逆切。	266上	戈	12下	無
1208	賊	入聲	賊，敗也，从戈則。別作賊，从戎，非。昨則切，文二。	266上	戈	12下	636
0738	戲	去聲	戲，三軍之偏也，从戈虘。別作戲，非。香義切。	266上	戈	12下	636
1201	或	入聲	或，邦也，从口戈以守一。一，地也。又作域，同于逼切。別作胡國切，以爲疑。或不定之意，無復域音。文三。	266下	戈	12下	637
1082	戉	入聲	戉，斧也，从戈，从丨，王伐切。別作鉞，音呼會切，車鑾聲也。	266下	戈	12下	638
			說文第四百五十五琴部				
0456	琴	下平	琹，禁也，神農所作，象形。隸作琴，俗，巨今切，文二。	267上	琴	12下	639

			說文第四百五十七匚部				
0841	申	去聲	匃,乞也,匚人爲匃。別作丐,非。	267下	匚	12下	640
			說文第四百五十八匚部				
1070	匹	入聲	匹,四丈也,从八匚。別作疋,非。普吉切。	267下	匚	12下	641
0748	匱	去聲	匱,匣也,从匚貴。別作櫃,非。求位切。	268上	匚	12下	642
			說文第四百六十一甾部				
1225	䅰	入聲	䅰,魪也,古田器也。別作䭶,非。	268下	甾	12下	643
			說文第四百六十二瓦部				
0637	甗	上聲	甗,甑也,从瓦鬳,一曰山形,似甑,曰甗。別作巘,非。魚蹇切。	269上	瓦	12下	644
0729	瓮	去聲	瓮,罌也,从瓦公。別作甕,非。烏貢切。	269上	瓦	12下	644
0604	盌	上聲	盌,小盂也,从瓦夗。或作椀同。別作椀,非。烏管切。	269上	瓦	12下	645
0035	甬	上平	甬,器也,从瓦容。別作甁,非。餘封切,文三。	269上	瓦	12下	645
			說文第四百六十三弓部				
0976	張	去聲	張,施弓絃也,从弓長。又陳設也,一曰自侈大也。別作漲漲脹痕墲墲,竝非。知亮切。又陟良切。	269下	弓	12下	646
0225	彎	上平	彎,持弓關矢也,从弓䜌。別作灣,非。烏關切。	270上	弓	12下	646
0409	弘	下平	弘,弓聲也,从弓厶。厶,古文肱。別作弘弘,竝非。胡肱切。	270上	弓	12下	647
0499	弛	上聲	弛,弓解也,从弓也。或作彌同。別作弛,非。施氏切。	270上	弓	12下	647
1151	彍	入聲	彍,弩滿也,从弓黃。別作彍擴,竝非。苦郭切。	270上	弓	12下	647
			說文第四百六十四弜				
1072	弼	入聲	弼,輔也,重也,从弜西。或作弼,古作㚁𢐹竝同。隸作弼,从百,非。房密切。	270下	弜	12下	648

			說文第四百六十五弦部				
0240	弜		下平	弦，弓弦也，从弓，从糸，象形。別作絃，非。	270下	弦	12下	648
0942	絼		去聲	紗，急戾也，从弦省，从少，一曰精微也。別作妙，非。於宵切。又彌笑切。	270下	弦	12下	648
			說文第四百六十六系部				
0252	綿		下平	緜，聯微也，从系帛。別作綿，非。武延切。	270下	系	12下	649
0273	繇		下平	繇，隨從也，从系从𦥯。別作繇繇，竝非。	270下	系	12下	649
			說文第四百六十七糸部				
0616	繭		上聲	繭，蠶衣也，从糸，从虫芇。別作璽，非。古典切，文二。	271上	糸	13上	650
0291	繅		下平	繅，繹絲也，从糸巢。別作繰，非。	271上	糸	13上	650
0627	緬		上聲	緬，微絲也，从糸面。別作䊄，非。彌沇切，文五。	271上	糸	13上	650
0845	絓	䋝	去聲	絓，繭縡絓頭也，从糸圭。別作罣罫絓，竝非。	271上	糸	13上	650
0682	繦		上聲	繦，牁纇也，从糸強。別作鏹，非。居兩切。	271下	糸	13上	651
1215	納		入聲	納，絲溼納納也，从糸内，一曰補也、入也。別作衲，非。奴答切。	271下	糸	13上	652
1125	絕		入聲	絕，斷絲也，从糸，从刀，从卩，古作𢇍，反𢇍爲絕。別作絶，从色，非。情雪切。	271下	糸	13上	652
0799	細		去聲	細，微也，从糸囟。隸作細，从田，非。思計切，文二。	272上	糸	13上	653
0484	總		上聲	總，聚束也，从糸悤。別作捴揔惣，竝非。作孔切。	272下	糸	13上	653
0642	繞		上聲	繞，纏也，从糸堯。別作遶，非。	272下	糸	13上	653
0962	纇		去聲	纇，不均也，从糸羸。別作纇，非。力臥切。	272下	糸	13上	654
0050	纙		上平	纙，粗緒也，从糸㡭。別作絚，非。	273上	糸	13上	655

0559	絑		上聲	絑，繡文如聚細米也，从糸米。別作黹，非。莫礼切。	273下	糸	13上	656
0724	緂		上聲	緂，帛騅色也，从糸剡。別作毯，非。土感切。	274上	糸	13上	658
0504	纚		上聲	纚，冠織也，从糸麗。別作縰，非。	274下	糸	13上	659
0719	紞		上聲	紞，冕冠塞耳也，从糸冘。別作髧，非。都感切。	274下	糸	13上	659
0391	綎		下平	綎，系綬也，从糸廷。別作鞓鞊，竝非。	274下	糸	13上	661
0455	紟		下平	紟，衣系也，从糸今。古作絵。別作衿，非。	275上	糸	13上	661
0599	繜		上聲	繜，衣狀如襜褕者，从糸尊。楊倞注《荀子》云：繜與撙同，或作僔。《說文》作墫，从士。俗作撙，从手，非。祖本切。	275上	糸	13上	661
0794	綺		去聲	綺，脛衣也，从糸夸。別作袴，非。苦故切。	275上	糸	13上	661
0081	纍		上平	纍，綴得理也，一曰大索，从糸畾。別作縲，非。力追切，文二。	275下	糸	13上	663
0478	縿		下平	縿，旌旗之游也，一曰衣也，从糸參。別作衫，後人所加。	275下	糸	13上	663
0734	縋		去聲	縋，以繩有所縣也，从糸追。別作綞，非。持偽切。	276上	糸	13上	664
0926	桊		去聲	桊，攘臂繩也，从糸关。別作卷，非。	276上	糸	13上	664
0198	繁		上平	繁，馬尾飾也，从糸每。別作繁俗，附袁切，文二。	276上	糸	13上	664
0348	繮		下平	繮，馬紲也，从糸畺。別作韁，非。	276上	糸	13上	664
0424	緧		下平	緧，馬紂也，从糸酋。別作鞦，非。	276上	糸	13上	665
0588	紖		上聲	紖，牛系也，从糸引。別作縼，非。直引切。	276上	糸	13上	665
1117	紲		入聲	紲，系也，从糸世。《春秋傳》曰：臣負羈紲。或作緤同。別作絏，非。	276下	糸	13上	665
1207	纆		入聲	纆，索也，从糸黑。別作繹，非。	276下	糸	13上	665

0498	紙		上聲	紙，絮一苫也，从糸氏。別作帋，非。諸氏切。	276下	糸	13上	666
1166	絬		入聲	絬，粗葛也，从糸吉。別作綌綌，並非。	277上	糸	13上	666
1109	絜		入聲	絜，麻一耑也，从糸㓞，一曰清也。或作潔俗。別作潔，非。古屑切。	277下	糸	13上	668
1079	紼		入聲	紼，亂系也，从糸弗。別作綍，非。	277下	糸	13上	668
0085	彝		上平	彝，宗廟常器也，从糸綦也。廾，持米器，中實也，互聲。別作彛，非。以脂切。	277下	糸	13上	669
0607	繖		上聲	繖，蓋也，从糸散。別作傘，非。穌旱切。	278上	糸	13上	無
0787	素		去聲	素，白緻繒也，从糸巫，一曰埏土，象物也。隸作素俗。別作塑埭，並非。桑故切。	278上	糸	13上	669
		說文第四百七十率部						
1058	率		入聲	率，捕鳥畢也，象絲网上下其竿柄也。別作繂綟，並非。所律切，文三。	278下	率	13上	669
		說文第四百七十一虫部						
0161	蛕		上平	蛕，腹中長蟲也，从虫有。別作蚘，非。	278下	虫	13上	670
1205	蟘		入聲	蟘，蟲食苗葉者，从虫貸。別作蚕，非。徒得切。	279上	虫	13上	無
0349	強		下平	強，蚚也，从虫弘。弘，从厶，厶與肱同。別作强，强从口，竝非。巨良切。	279下	虫	13上	672
1044	蜀		入聲	蜀，葵中蠶也，从虫，象形。別作蠋，非。殊玉切。	279下	虫	13上	672
0511	蛾		上聲	蛾，蚍蜉也，从虫豈。別作蟻，非。魚綺切，文二。	280上	虫	13上	673
1060	蟀		入聲	蟀，悉蟀也，从虫帥。別作蟀，非。	280上	虫	13上	673
0312	蠃		下平	蠃，螺屬也，蜾蠃也，一曰蚌屬，从虫羸。別作螺，非。	280下	虫	13上	674
1230	蜨		入聲	蜨，蛺蜨也，从虫疌。別作蝶，非。	280下	虫	13上	674

0086			上平	蚩，蟲也，从虫之聲。別作嗤媸，竝非。赤之切。	280下	虫	13上	674
0394			下平	蛉，蜻蛉也，从虫令。別作蜓，音徒典切，蝘蜓也。	281上	虫	13上	675
0965			去聲	蜡，蠅胆也，从虫昔。又索也，合聚萬物，索饗百神也。別作䄍，从示，非。鉏駕切，文二。	281上	虫	13上	675
1143			入聲	蛬，螫也，从虫，若省，隸作蠚，俗，呼各切。	281下	虫	13上	676
1196			入聲	蝕，敗創也，从虫人食。別作蝕，非。乘力切。	281下	虫	13上	676
0687			上聲	蠯，陛也，脩爲蠯，圜爲蠇，从虫庳。別作蚌蠯，竝非。蒲孟切。	281下	虫	13上	677
0497			上聲	蚌，蜃屬，从虫丰。別作蜯，非。	282上	虫	13上	677
1148			入聲	蝉，似蜥易，長一丈，水潛呑人，即浮出日南，从虫屰。別作鱷，非。	282下	虫	13上	679
0205			上平	蝯，善援，禺屬，从虫爰。別作猿猨，竝非。雨元切。	282下	虫	13上	679
1121			入聲	蠥，衣服歌謠，草木之怪謂之䄏，禽獸蟲蝗之怪謂之蠥，从虫辥。別作孽，非。魚列切，文二。	283上	虫	13上	680
1160			入聲	蚝，蛬，艸上蟲也，从虫毛。別作蚱，非。陟格切。	283上	虫	13上	無
				說文第四百七十二䖵部				
0208			上平	䖵，蟲之總名，从二虫。別作蜫，非。	283下	䖵	13下	681
0461			下平	蠶，任絲也，从䖵朁。別作蚕，非。昨含切。	283下	䖵	13下	681
1101			入聲	蠽，小蟬蜩也，从䖵戠。《爾雅》：蠽，蜻蜻。別作蚻，非。子列切。	283下	䖵	13下	681
0030			上平	蠭，飛蟲螫人者，从䖵逢。別作蜂，非。	283下	䖵	13下	681
				說文第四百七十三蟲部				
0730			去聲	蟲，食物也，从三虫。別作蚛，非。直衆切。又直弓切。	284下	蟲	13下	682

0758	蠹		去聲	蠹，臭蟲負蠜也，从，非蟲。或作蜚。別作蟗蠹，竝非。	284上	蟲	13下	683
				說文第四百七十五它部				
0297	它		下平	它，虫也，象形。或作佗，負何也。別作他，从人也，非。	285上	它	13下	684
0298	它		下平	蛇，本與它同。或从虫它。俗作食遮切。別作虵，非。	285上	它	13下	684
				說文第四百七十七黽部				
0630	黽		上聲	黽，鼃黽也，从它，象形，一曰勉也。別作僶勔，竝非。	285上	黽	13下	685
0269	鼂		下平	鼂，匽鼂也，从黽，从旦。或作鼂，从皀。別作鼂，非。直遙切。	285下	黽	13下	686
				說文第四百七十九二部				
0479	凡		下平	凡，最括也，从二。二，偶也。从乁。乁，古文及。別作凢，非。浮咸切，文二。	286上	二	13下	688
				說文第四百八十土部				
1025	坶		入聲	坶，《周書》武王與紂戰于坶野，从土母。別作坶，非。	286上	土	13下	689
0383	埴		下平	埴，赤剛土也，从土，觶省。別作埮，非。	286下	土	13下	690
0012	壊		上平	壊，種也，从土夋，別作稷，非。	286下	土	13下	690
0961	坐		去聲	坐，止也，从土，留省，土所止也，與留同意，古文作坐同。別作座坐，竝非。徂臥切。	287上	土	13下	693
0076	墀		上平	墀，涂地也，从土犀。別作墀，非。直尼切。	287上	土	13下	693
0650	埽	埽	上聲	埽，棄也，从土帚。別作掃，非。穌老切，文二。	287下	土	13下	693
0200	壎		上平	壎，樂器也，以土爲之，六孔，从土熏。別作塤，非。況袁切，文三。	287下	土	13下	694
0036	墉		上平	墉，城垣也，从土庸。別作隫，非。	288上	土	13下	695
1232	堞		入聲	堞，城上女垣也，从土葉。別作堞，非。	288上	土	13下	695

0189	𡍩		上平	𡍩，塞也，从土，从西。俗別作堙陻堙，並非。	288下	土	13下	697
1014	𡐔		去聲	塹，阬也，从土斬。別作壍，非。七豔切。	288下	土	13下	697
1161	㙮		入聲	坼，裂也，从土㡿。別作拆，非。丑格切。	289上	土	13下	698
0166	坏		上平	坏，丘再成者，一曰瓦未燒，从土不。別作坯，非。芳栖切，文二。	289上	土	13下	698
0809	瘞		去聲	瘞，幽埋也，从土㾑。別作瘞，非。於計切。	289下	土	13下	699
0342	場		下平	場，祭神道也，一曰治穀田，从土昜。別作塲，非。直良切。	289下	土	13下	699
1028	𡐨		入聲	塾，門側堂也，从土𡏳。別作闍，非。殊六切，文三。	290上	土	13下	無
				說文第四百八十三里部				
0536	野	壄	上聲	野，郊外也，从里予。古作壄。別作墅，非。羊者切。又承與切。	290下	里	13下	701
				說文第四百八十四田部				
0420	疇		下平	疇，耕治之田也，从田象耕屈之形。或作𤲮。隸作疇，直由切，文二。	290下	田	13下	701
0706	畮		上聲	畮，步百也，从田每。或作畆同。別作畝，非。莫厚切。	290下	田	13下	702
0977	暘		去聲	暘，不生也，从田昜，借爲通暢之暢。別作暢，从申，非。丑亮切，文二。	291下	田	13下	704
				說文第四百八十五畕部				
0347	畺		下平	畺，界也，从畕，从三，其界畫也。或作疆。別作壃，非。	291下	畕	13下	704
				說文第四百八十八力部				
0018	𠛎		上平	功，以勞定國也，从力工。別作**功**，非。古紅切。	292上	力	13下	705
0770	勴		去聲	勴，助也，从力，非慮。別作勵，非。良倨切。	292上	力	13下	705
0821	勱		去聲	勱，勉力也，从力萬。別作勵，非。	292上	力	13下	706
1127	𠠎		入聲	𠠎，發也，从力徹。別作撤，非。丑列切，文二。	292上	力	13下	706

082	勦		去聲	勦，勞也，从力貰。別作勤勣，竝非。	292下	力	13下	707
0928	券		去聲	券，勞也，从力，卷省。俗作倦同。別作惓，非。渠卷切。	292下	力	13下	707
0191	勤		上平	勤，勞也，从力董。別作懃，从心，非。	292下	力	13下	707
				說文第四百九十金部				
0453	金		下平	金，五色金也，从土左右注，象金在土中形，今聲。按今字从亼，从乁。乁，古及字，金从反乁，後人傳寫之誤，當从正丁字。居音切，文三。	293下	金	14上	709
1106	鐵		入聲	鐵，黑金也，从金戴。或作鐵銕竝同。別作鐵，非。他結切，文二。	293下	金	14上	709
0904	鍛		去聲	鍛，小冶也，从金段。別作煅，非。丁貫切。	297下	金	14上	710
0311	鑣	鑣	下平	鑣，錘鑣也，从金贏。別作鏍，非。	294下	金	14上	711
0947	鎬		去聲	鎬，鎬也，一曰溫器也，从金高。別作槁，非。《五經文字》注：勞，師也，借槁字爲之。口到切。又乎老切。	294下	金	14上	711
0466	鐵		下平	鐵，鐵器也，从金戴，一曰鑯也。別作尖，非。子廉切。	295上	金	14上	712
0404	鐙		下平	鐙，錠也，从金登。別作燈，非。	295上	金	14上	712
0131	鑪		上平	鑪，方鑪也，从金盧。別作爐，非。洛乎切。	295下	金	14上	712
0553	鑄		上聲	鑄，煎膠器，从金虜，別作鍋，非。	295下	金	14上	712
0445	鍼		下平	鍼，所以縫也，从金咸。別作針，非。職深切。	295下	金	14上	713
0255	鐫		下平	鐫，穿木鐫也，一曰琢石，从金雋。作鐫，非。子全切。	295下	金	14上	713
1154	鑿		入聲	鑿，穿木也，从金𣪠。別作鑿，非。	295下	金	14上	713
0105	鉏		上平	鉏，立薅所用也，从金且，別作鋤，非。士魚切。	296上	金	14上	713

1228	錻		入聲	錻，鉆也，从金耴，作鐕，非。尼輒切。	296上	金	14上	714
0254	銓		下平	銓，衡也，从金全。別作硂拴，竝非。此緣切。	296下	金	14上	714
0226	鍰		上平	鍰，鋝也，从金爰。《虞書》曰：罰百鍰。別作鐶，非。戶關切，文二。	296下	金	14上	715
0320	釾		下平	釾，鏌釾也，从金牙。別作鎁，非。	297下	金	14上	717
0051	鉈		上平	鉈，短矛也，从金它。別作鎃蚾秠，竝非。又食遮切。	297下	金	14上	718
0040	鏦		上平	鏦，矛也，从金從。或作鏓。別作鏓，非。七恭切。又楚江切。	297下	金	14上	718
0028	鎽		上平	鎽，兵耑也，从金逢。別作鋒，非。數容切，文四。	297下	金	14上	718
0896	釬		去聲	釬，臂鎧也，从金干，一曰固金藥。別作銲，非。	297下	金	14上	718
0842	銊		去聲	銊，車鑾聲也，从金戉。俗別作鐬，以鉞音王伐切，爲斧戉字，非。呼會切。	298上	金	14上	719
0287	鈔		下平	鈔，又取也，从金少。別作抄，非。楚交切。又楚教切。	298下	金	14上	721
0431	鎦		下平	鎦，殺也。《說文》無劉字，偏旁有之。此字又史傳所不見，疑此即劉字也，从丣金刀。丣，古文酉，作卯，非。力求切。	298下	金	14上	721
0137	鈭		上平	鈭，利也，从金市。別作鎈，非。徂奚切。	299上	金	14上	722
0119	鑺		上平	鑺，戟屬也，从金瞿。別作戳，非。	299上	金	14上	無
0663	鎖		上聲	鎖，鐵鎖門鍵也，从金貟。別作鏁，非。穌果切。	299上	金	14上	無
				說文第四百九十二勺部				
1133	勺		入聲	勺，挹取也，象形，之若切。又市若切。今俗以杓爲桮杓之杓，非。杓，甫搖切，斗柄也。又都歷切。射的也。別作彴，非。通用的字。	299上	勺	14上	722
				說文第四百九十三几部				
0772	処		去聲	処，止也，得几而止，从几夂。或作處，从虍。別作處，非。昌據切。又昌與切。	299下	几	14上	723

				說文第四百九十五斤部				
0120	𣂎		上平	斫，斫也，从斤句。別作斸，非。	299下	斤	14上	724
0053	斯		上平	斯，析也，从斤其。別作廝𣂔，竝非。息移切。	300上	斤	14上	724
0905	斷		去聲	斷，截也，从斤𢇍。𢇍，古絕字 作斷斷，竝非。徒玩切，文二。	300上	斤	14上	724
				說文第四百九十六斗部				
0710	斗		上聲	斗，十升也，象形，有柄。別作斛抖陡蚪，竝非。當口切。	300上	斗	14上	724
0547	料	斞	上聲	斞，量也，从斗史。別作䵂匬，竝非。	300上	斗	14上	725
0266	魁		下平	魁，斛旁有魁，从斗尼，一曰突也，一曰利也。《爾雅》曰：魁謂之魁，古田器也。別作魁鏊，竝非。土雕切，文二。	300下	斗	14上	726
0396	升		下平	升，十龠也，从斗，象形，後人作昇俗。別作阩，非。識蒸切。	300下	斗	14上	726
				說文第四百九十七矛部				
0190	矜		上平	矜，矛柄也，从矛今。別作殣，非。渠巾切，文二。	300下	矛	14上	726
				說文第四百九十八車部				
0113	輿		上平	輿，車也，从車舁。別作轝，非。	301上	車	14上	728
1226	輒		入聲	輒，車兩輢也，从車耴。別作輙，从又，非。陟葉切。	301下	車	14上	729
0922	轉		去聲	轉，運也，从車專。別作囀，非。知戀切。	302下	車	14上	734
0860	輩	軰	去聲	輩，若軍發車百兩爲一輩，从車，从非。別作軰，非。補妹切。	302下	車	14上	735
0633	輾		上聲	輾，轢也，車所踐也，从車戾。別作碾，非。尼展切。	302下	車	14上	735
0743	轛		去聲	轛，抵也，从車執。別作軽，非。陟利切。	303上	車	14上	735
0257	輇		下平	輇，蕃車下庳輪也，从車全。別作輲，非。	303上	車	14上	736

0594	輓		上聲	輓，引之也，从車免。別作挽，非。武遠切，文二。	303下	車	14上	737
0377	轟		下平	轟，羣車聲，从三車。別作輷，非。呼宏切。	303下	車	14上	737
				說文第四百九十九𠂤部				
0164	𠂤		上平	𠂤，小𨸏也，象形。別作堆䭔，竝非。都回切。	303下	𠂤	14上	737
				說文第五百𨸏部				
0693	𨸏		上聲	𨸏，大陸山無石者，象形。別作阜，非。房九切，文二。	304下	𨸏	14下	738
0452	陰		下平	陰，闇也，水之南、山之北，从𨸏侌。別作隂，从長，非。於今切。	304下	𨸏	14下	738
0612	阪		上聲	阪，坡也，一曰澤障，一曰山脅也，从𨸏反。別作坂，非。部版切。又府遠切。	304下	𨸏	14下	738
0613	限		上聲	限，阻也，一曰閾也，从𨸏艮。別作㮡，非。下簡切。	304下	𨸏	14下	739
0938	陗		去聲	陗，陖也，从𨸏肖。別作峭，非。七夭切。	305上	𨸏	14下	739
0992	隥		去聲	隥，仰也，从𨸏登。別作嶝磴，竝非。都鄧切。	305上	𨸏	14下	739
1236	陜		入聲	陜，隘也，从𨸏夾。別作狹峽，並非。矦夾切。	305上	𨸏	14下	739
0067	隓		上平	隓，敗城𨸏也，从𨸏𡍮。或作𡐦。別作隳，非。許規切。	305下	𨸏	14下	740
0666	陊		上聲	陊，落也，从𨸏多。別作墮，非。	305下	𨸏	14下	740
0361	阬		下平	阬，閬也，从𨸏亢。別作坑埦，並非。客庚切。	305下	𨸏	14下	740
0139	隄	隄	上平	隄，塘也，从𨸏是。俗用堤，非。堤音丁禮切，滯也。	305下	𨸏	14下	740
0974	障		去聲	障，隔也，从𨸏章。別作嶂，非。之亮切。	305下	𨸏	14下	741
0590	隱		上聲	隱，蔽也，从𨸏㥯。又安也。別用穩，非。於謹切。又音烏本切。	305下	𨸏	14下	741
0157	階	階	上平	階，陛也，从𨸏皆。別作堦，非。古諧切。	306下	𨸏	14下	743

0557	隖		上聲	隖，小障也，一曰庳城，从𨸏鳥。別作塢，非。安古切。	306下	𨸏	14下	743
				說文第五百零一䜌部				
0847	䜌		去聲	䜌，陋也，从䜌㒼。茻，籀文嗌字。或作隘同。別作阸，非。烏懈切	307上	䜌	14下	744
0742	䜌		去聲	䜌，塞上亭守㷭火者。或作䜌同。別作燧，非。徐醉切。	307上	䜌	14下	744
				說文第五百零一厽部				
0518	絫		上聲	絫，增也，从厽，从糸。厽，十黍之重也。別作累，非。力軌切，文二。	307上	厽	14下	744
				說文第五百零六亞部				
0970	亞		去聲	亞，醜也，象人局背之形，一曰次第也。《爾雅》云：兩壻相謂曰亞。別作婭，非。衣駕切。	307下	亞	14下	745
				說文第五百一十一内部				
0889	萬		去聲	萬，蟲也，从内，象形，一曰十千也。作万，非。無販切。	308上	内	14下	746
1118	禼		入聲	禼，蟲也，从内，象形。古作离同。別作卨，非。	308上	内	14下	746
				說文第五百一十四乙部				
0218	乾		上平	乾，出上也，从乙，从倝。別作乹漧，竝非。古寒、渠焉二切，	308下	乙	14下	747
0907	亂		去聲	亂，治也，从乙。乙，治之也，从𤔔。別作乱，非。郎段切。	308下	乙	14下	747
				說文第五百一十八己部				
0589	巹		上聲	巹，謹身有所承，从己丞。別作卺䘞，竝非。居隱切。	309上	己	14下	748
				說文第五百二十庚部				
0359	庚		下平	庚，位西方也。庚承己，象人齎。又鳥名黃倉庚。別作鶊，非。古行切，文二。	309上	庚	14下	748
				說文第五百二十一辛部				
0570	辠		上聲	辠，犯法也，从辛自。自，鼻也。秦以辠似皇字改爲罪字。罪雖同音，捕魚竹网也，徂賄切。	309上	辛	14下	748

0632	辡		上聲	辡，治也，从言在辡之間。別作𧦝，非。平免切。	309下	辡	14下	749
				說文第五百二十五子部				
0990	𡥀		去聲	孕，褢子也，从子几。几音市朱切。別作孕，从乃，非。	310上	子	14下	749
0595	𡥧		上聲	挽，生子免身也，从子免。《說文》無免字。疑此字从㝅省，通用爲解免之免。本音芳萬切。	310上	子	14下	749
0783	𡥉		去聲	孺，乳子也，一曰輸也，从子需。別作㜶，非。而遇切。	310上	子	14下	750
				說文第五百二十八厺部				
0107	𤴆		上平	疏，通也，从㐬足。別作踈，非。所菹切。	310下	厺	14下	751
				說文第五百三十三巳部				
0527	㠯		上聲	㠯，用也，从反巳，秦刻作以，《說文》不加人字。羊止切。	311上	巳	14下	753
				說文第五百三十四午部				
0797	𢒰		去聲	啎，逆也，从午吾。別作忤，非。	311上	午	14下	753
				說文第五百三十七酉部				
0008	𨢄		上平	醸，籭生衣也，从酉冡。別作䴷，非。	311下	酉	14下	754
1153	醋		入聲	醋，客酌主人也，从酉昔，在各切。俗作倉故切，非。文二。	312下	酉	14下	756
0776	酌		去聲	酌，醉營也，从酉句。別作酗，非。香遇切。	313上	酉	14下	757
0095	醫		上平	醫，治病工也。殹，惡姿也。一曰病聲，从酉，酒，所以治病也。別作毉，从巫俗，於其切。	313上	酉	14下	757
1017	醶		去聲	醶，酢漿也，从酉僉。別作釅醶，竝非。魚窆切。	313上	酉	14下	758
0788	酢		去聲	酢，醶也，从酉乍，倉故切。今作醋，音在各切。	313上	酉	14下	758

0973	𦞗	去聲	醬，鹽也，从肉，从酉（丬聲）。別作醬俗，即亮切。	313上	酉	14下	758
0386	醒	下平	醒，醉解也，从酉星。案：醒字注，一曰醉而覺也。古醒亦音醒也。別作惺，非。桑經切，文二。	313下	酉	14下	無
0213	尊	上平	尊，酒器也，从酉廾以奉之。或从寸，俗爲尊卑之尊。別作罇樽，並非。祖昆切。	313下	酋	14下	759

　　總計以上包含上平聲、下平聲、上聲、去聲、入聲共 1239 組，扣除「遐」、「㦬」、「鳶」、「豜」分別重覆出現於 0798、1146，0261、1150，0483、0993，0217、0893 外，應有 1235 組。

附錄二　書　影

書影一　影宋精鈔本

上海涵芬樓影印影宋精鈔本

復古編序

君尊臣卑父坐子立此
六鈕之大閑也大者之學
此而已然竟舜稽古之道
仲尼時雨之教隨器大小

復古編序　一

復古編上　吳興張有

上平聲　下平聲

上聲　去聲

復古編上
一

僮未冠也从人童別作僮瞳
竝非瞳戒用童徒紅切文二

復古編上
一

芎用
萹斷竹也从竹甬別
用筒徒弄切通簫也

龍
隴大長谷也从谷龍別
作䂖非盧紅切文二
有也从有龍又馬
鞁也別作䶫非

唱
恫痛也从心同別作
痌愿竝非他紅切

蒙
蒙艸名王女也从艸家
別作蒙非莫紅切文三
微蒙

（臺北國家圖書館藏）

-300-

書影二　元至正六年吳志淳好古齋仿宋大字刊本

復古編序

君尊臣卑。父坐子立此六經之大闕也。犬者之學
學此而已。然堯舜稽古之道伸尼時雨之教隨器
小大皆使有成則道之有藝藝之有書小學之所
紀亦何可廢哉。然而經天緯地之文不在止戈之
後闢邪室欲之義不假皿蟲而知。其覺也晚然後
字書小道亦有可觀者焉觀矣而不可泥也。葉本
根而尋枝葉認滬體而捨滇渤。譬猶壓沙出油用

（北京國家圖書館藏）

書影三　清同光間翻刻乾隆四十六年安邑葛鳴陽本

（臺北國家圖書館藏）

書影四　清乾隆寫文淵閣四庫全書本

欽定四庫全書　經部　復古編卷一至三

詳校官監察御史臣施朝榦

洗馬臣王坦修覆勘

覆校官中書臣朱　鈐
校對官中書臣袁文邰
校對篆字官主簿臣朱文震
謄錄監生臣劉國永
篆字謄錄監生臣郎錦駒

欽定四庫全書

復古編　經部十　小學類二　字書之屬

提要

臣等謹案復古編十一卷宋張有撰有字謙
中湖州人張先之孫出家為道士是書根據
說文解字以辨俗體之訛以四聲分諸字
篆書正體而別作俗體則附之注中下卷入
聲之後附六篇一曰聯緜字二曰形聲相類
三曰形相類四曰聲相類五曰筆迹小異六
曰上正下譌別析毫釐至為精密惟以說
文正小篆而不以小篆改隸書故小篆之不
可通於隸者則曰隸作某樓鑰集有此書序
稱其嘗篆楊時鍾息卷記以小篆無蒼字竟
作隸體書之知其第不以俗體入篆爾錄則
未嘗不詰俗也鑰序又記有為林攄毋撰蒸
碑書魏字作巍然不肯去山字陳振孫所記

（臺北國立故宮博物院藏）

書影五　清乾隆寫文津閣四庫全書本

臣紀昀覆勘

總校官侍讀臣楊懋珩
校對官中允臣王燕緒
謄錄監生臣鄭師

復古編　撰要　經部十　小學類字書之屬

臣等謹案復古編十一卷宋張有撰有字謙中湖州人張先之孫出家為道士以書根據說文解字以辨俗體之訛以四聲分隸諸字篆書正體而別作俗體則附之注中下卷入辨之後附六篇一曰聯緜字二曰聲相類三曰形相類四曰聲相類五曰筆迹小異六曰上正下譌刻畫竟體至為精密惟以說文正小篆而不以小篆改隸書故此書有可通之隸別有楷本無篆則篆可通恭錄者別以楷作隸無恭則篆稱其當篆時相應怠卷記小篆而已然而經天緯地之文不在止戈之後作隸書之知其其覺也晚既後字書甚認溷體而舍淳勁瓊

觀一蓋而知其其觀也晚既後字書甚認溷體而舍淳勁瓊
猶慶沙取油用力難多而終無所得其所成就者可知
碑書魏字作鍵終不肯去山宇陳振孫所記
未嘗不謂俗也鍮序又記為林攄母撰篆
可通恭隸者別曰隸作界樣鍮集有此書序
稱其當篆時相應怠卷記小篆無恭則篆
辨之後附六篇一曰聯緜字二曰聲相類
三曰形相類四曰聲相類五曰筆迹小異六

復古編序

君尊臣卑父生子立此六經之大閒也大者之學學此
而已然堯舜指古之有藝藝之有書小學之所紀亦何可廢哉
文正小篆而不以小篆改隸書故此而有成則道之有藝藝之有書小學之
假五蠶而知其覺也晚既後字書甚認溷體而可觀者焉

九年四月恭校工

總纂官臣紀昀臣陸錫熊臣孫士毅
總校官臣陸費墀

亦同然政此書魏字下注曰今人有山以為
魏國之魏不言為俗體別字是其說復古而
不庚今可謂通人之論視魏之說獨為
名疆以篆籀入隸者其識趣相去遠矣此本
為明萬曆中蔡氏表所刊不載鍮所云
者不可以了六書雜析偏旁不可以見全字求古人之
心而質糟粕固以永矣取一全體鑿為多字後能笑矣
說可說可玩而不足以餉人之意譬插入海算沙無有
畔岸運籌役志迷不知改豈特違如輪扁所能笑矣
誤哉往揚子雲留意古道用之于玄或笑其自苦武議
其作經然子雲意在學易與易競而劉歆之徒
目前利害無意於古覆曰
一笑已曰　　雲又千有餘歲士守所學曰
忘復古之志者可不謂之難也
不務進取曰　　武謨中用心于內
讀法界之書曰閣泰柏之言曰作之樣造車
者富使令職古無今而即是邪道不可學乜子言三復
克舜馬尊陶之所謂稽古　　特可以為方內之法哉
此語因思學道之要不以古聖為樣轍奇皆外遊
致遠曰　　不可以遠轍樣而況大學之
古者觀俗尚論將有稽于此焉大觀四年十一月敘復
寧德即陳瓘序

文津閣四庫全書　經部　小學類　復古編

卷一　第四九五頁

書影六　清知不足齋鈔本

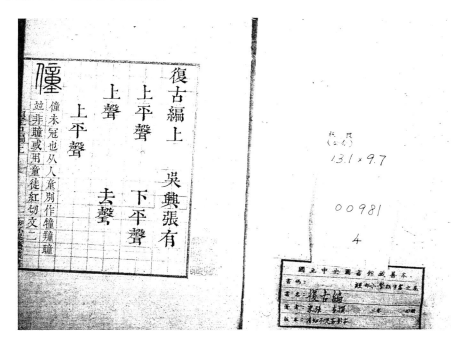

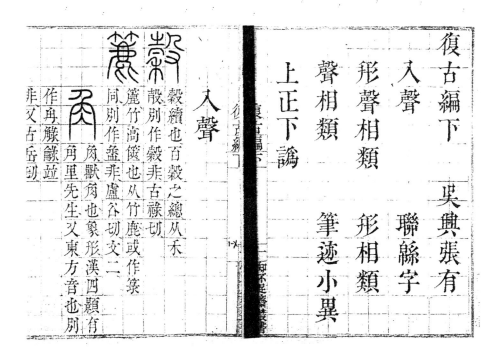

（臺北國家圖書館藏，善本編號 00981）

書影七　舊鈔本

書影八　舊鈔本

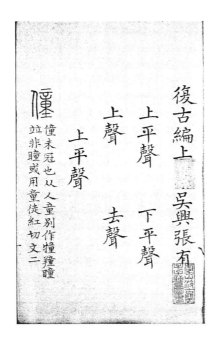

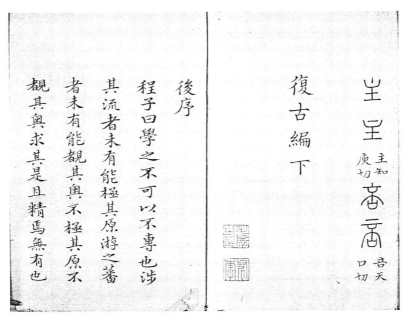

書影九　精鈔本

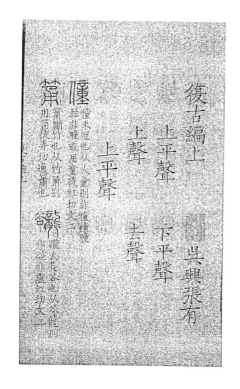

（臺北國家圖書館藏，善本編號00985）

書影十　《增修復古編》

增修復古編四卷　浙江汪啟
　　　　　　　　淑家藏本

舊本題吳均撰但自署其字曰仲平不著爵里亦
不著時代其凡例稱用黃氏韻會而書中分
部全從周德清中原音韻則元以後人也初張有
作復古編辨別篆隸之訛異持論甚平又惟主辨
正字畫而不復泛引訓詁其說亦頗簡要均乃病
其太畧補輯是編所分諸部皆以音變古法而
所載諸字又皆以古文繩今體其拘者如童子必
從人作僮之類率滯礙而不可行其濫者如仝字
之類引及道書又蕪雜而不盡確所分六書尤多
舛誤如毀字爲國名孫字爲八姓階字訓等差寔
字訓客環字訓繞之類皆訓之假借則天下幾無
正字矣其書自平聲至入聲音必完具而每韻皆
題曰上卷始尚有下卷而佚之然其佚亦無足惜
也

經 188--288

（北京國家圖書館藏明初刻本。元吳均增修）

書影十一　《增修復古編》

大觀之道乎後之敗古者觀俗尚論將有叶于此焉
大觀四年十一月二十四日叙復宣德郎陳瓘叙

張美和叙曰文字之先本乎庖義立畫暨黃帝之史
蒼頡觀鳥跡以依類象形故謂之文形聲相益則謂
之字字者孳乳而生無窮之字出焉由是象形
會意指事諧聲假借轉注是謂六書成周之世八歲
入小學先以此教之漢許慎說文以五百四十二字
爲部以統古今之字遂爲百世不刊之典蓋其非全

熙本增補復古編既去此叙
今從毛辰捥大附錄鈔得
吳均增補復古編二卷予得汲古閣藏
抄本卷首無序茲淩安邑葛氏新

增修復古編卷上之一

吳興張有謙中
後學吳均仲平增修

東

利洨古編補錄此序不知世尚有全
篇否乹隆丙午秋仲吳騫志

（臺北國家圖書館藏舊鈔本，善本編號00986。元吳均增修）

書影十二　《續復古編》

知渴落悉從補錄而附益必顧未能也及得
隱君是編一見殊快公餘稍暇因其遺而未
錄者閒取而筆之題曰續復古編非敢增
多呂為功亦呂發隱君之志備拾遺百始
存篋笥尚俟博雅君子是正必是豪也四
卷一十三類六千四十九字起於至順三年
秋八月成於至正十二年閏三月魏郡韓本

書于京城齊化門寓館

《續編》弁序　十六

續復古編

續復古編卷之一

上平聲
下平聲

辛重眉又山無艸木別
佐橦非迬紅切文二

禾藁節又瓦如莆者
箭斷竹也從竹雨又

居戎切
象形俗從弓

舡身也從呂橐呂檣肉

上平聲

童男有辠曰
奴奴曰童從

盅虛器也從皿中老子曰道盅而
用之今俗用沖字別佐沖非直弓

別佐桐兩
瓶甄並非

忡恩也從心中
別佐懭怱並非

崇嵬高也又
岳崇高山國語

章昭注古通用崇字蒙禮記引詩崧高維岳說文新
附亦收嵩字佐崧最無義意雖見詩經乃後人傳寫

誤倀字之誤

渶水聲也從水
宗別佐溁非

別佐祠兩
瓶甄並非

鉏弓切文二

優俗者之誤

又助也詩爰爰也從戎
別亦找非如融切

曾目不明也從首旬別
佐瞎非其中切

269

第十二冊

（北京國家圖書館藏清光緒陌宋樓影元鈔本。元曹本撰）

附錄三 《說文解字》六義之圖

圖一 說文解字六義屮圖及說解

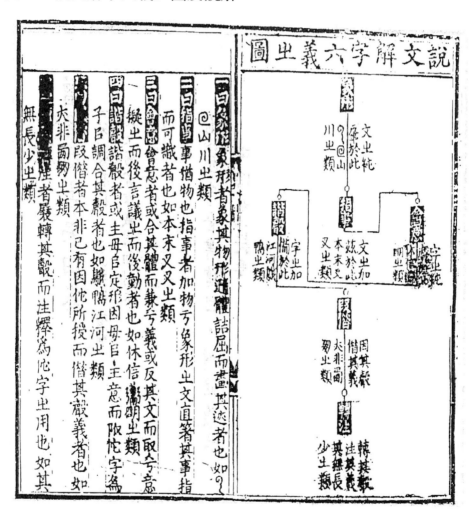

圖二　筆者重製說文解字六義屮圖

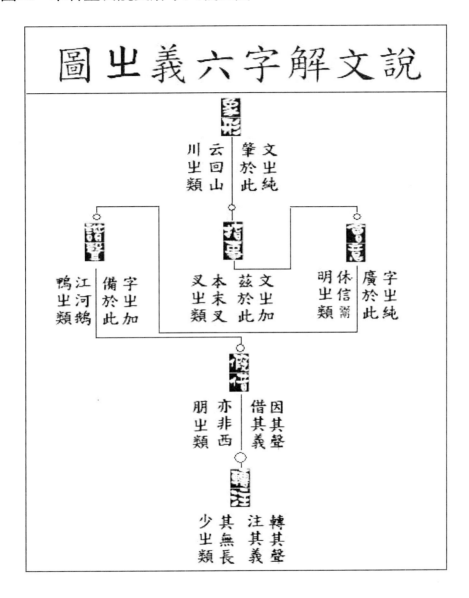

附錄四 《復古編》序補之原圖

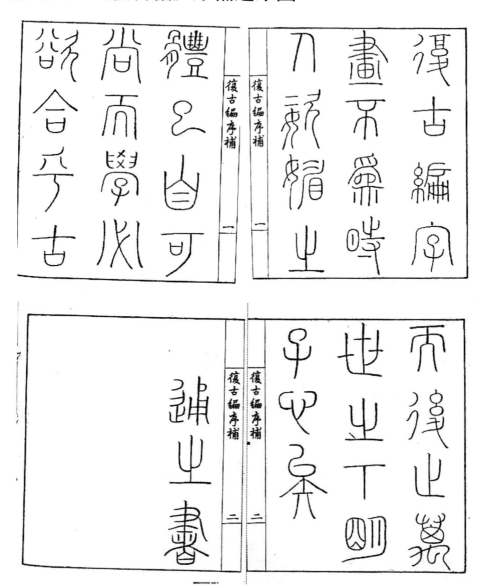